改革创新
系列教材

直播销售

慕课版

I N A N C E A N D T R A D E

何牧 温丽容 陈煜

主编

何双庆 贺素珍 夏曼

副主编

人民邮电出版社

北京

图书在版编目（CIP）数据

直播销售：慕课版 / 何牧，温丽容，陈煜主编.

北京 ：人民邮电出版社，2025. -- （中等职业教育改革

创新系列教材）. -- ISBN 978-7-115-64998-0

Ⅰ. F713.365.2

中国国家版本馆 CIP 数据核字第 2024DD6619 号

内 容 提 要

　　本书针对直播销售岗位，从岗位的要求和职业素养及直播销售人员工作的实际需求出发，详细地介绍了直播销售的相关知识及工作技能，旨在帮助读者了解和掌握直播销售的全过程。本书分为 7 个项目，涵盖了直播销售的多个方面，包括直播销售概述、直播销售前期准备、直播销售策划、直播销售过程实施、直播销售突发状况处理、直播销售后期运营及直播销售效果监控与优化。每个项目下有若干项任务，详细介绍了直播销售的具体步骤和技巧。

　　本书以任务驱动为主线，内容丰富、结构清晰、实践性强，在讲解知识时以实践操作为主，充分满足职业院校学生的学习习惯和学习需求，并通过实战训练增强学生在实际工作中的执行能力和问题解决能力。

　　本书不仅可以作为职业院校电子商务、网络营销、直播电商服务和市场营销等专业"直播销售"课程的教材，也可以作为从事直播销售相关工作人员的参考书。

- ◆ 主　　编　何　牧　温丽容　陈　煜
  副 主 编　何双庆　贺素珍　夏　曼
  责任编辑　白　雨
  责任印制　王　郁　彭志环
- ◆ 人民邮电出版社出版发行　　北京市丰台区成寿寺路 11 号
  邮编　100164　　电子邮件　315@ptpress.com.cn
  网址　https://www.ptpress.com.cn
  三河市祥达印刷包装有限公司印刷
- ◆ 开本：787×1092　1/16
  印张：13.5　　　　　　　　　　2025 年 4 月第 1 版
  字数：354 千字　　　　　　　　2025 年 4 月河北第 1 次印刷

定价：49.80 元

读者服务热线：**(010)81055256** 印装质量热线：**(010)81055316**
反盗版热线：**(010)81055315**

前　言

随着互联网和移动设备的普及，直播销售逐渐成为一种新兴销售模式，具有广阔的市场前景和巨大的商机，是各行各业推广产品和增加销售额的重要手段。

直播销售的兴起，使得市场对具备相关技能和知识的直播销售人才的需求越来越大。然而，目前直播销售人才的供给与需求之间存在一定的差距，从直播销售的现状看，从业人员的职业素质、知识水平和业务能力参差不齐。此外，直播行业的发展非常迅速，新的技术和策略不断涌现，需要直播销售人员保持对行业动态的关注，并具备持续学习和创新的能力。党的二十大报告提出"实施科教兴国战略，强化现代化建设人才支撑""统筹职业教育、高等教育、继续教育协同创新，推进职普融通、产教融合、科教融汇，优化职业教育类型定位。"

本书旨在培养直播销售高技能人才，帮助读者了解和掌握直播销售的全过程。通过学习本书内容，读者可以获得从事直播销售工作所需的知识和技能，提升自己在直播销售领域的竞争力。

本书主要特点如下。

1. 情境带入，生动有趣

本书以"桂品味道"电商企业为项目背景，设置了"职场情境"栏目，从直播销售人员的实际工作出发，通过设计人物工作场景引入各项目的教学主题，并将主题贯穿任务实施的全过程，让读者了解直播销售工作的相关知识和操作技能。

2. 采用项目任务式结构

本书采用项目任务式结构，符合职业教育对技能型人才的培养要求和国家对教材改革的要求，具有如下特征。

任务明确：本书每个项目都通过"学习目标"栏目给出具体的目标，然后明确为实现目标需要完成的任务。每个任务通过"任务分析"栏目明确实施任务的原因，再通过"任务实施"栏目下的各项活动给出具体的任务。

侧重实操：本书简化了理论知识，将重点放在实际操作上，以增强读者的实操能力。每个任务设置了"任务拓展"栏目，旨在进一步提升读者的操作能力。

3. 以"岗课赛证"融通理念设计内容

本书全面落实直播电商职业技能初级证书的要求，设置"考证提要""竞赛直达"栏目，向读者介绍了相关证书和竞赛的要求和内容，以及需要达到的技能目标。

4. 体现"以读者为中心"的教学设计理念

本书将"以读者为中心"的教学设计理念贯穿内容编写与资源开发的全过程，配套建设了慕课视频、课件、习题等类型丰富的数字化教学资源，读者登录人邮教育社区（www.ryjiaoyu.com）自行下载获取。

本书由何牧、温丽容、陈煜担任主编，何双庆、贺素珍、夏曼担任副主编，翁小云、鲁鑫、曾君元、苏秀杰、梁卓、王冬梅、谭雅文参与编写。由于编者水平有限，书中难免存在不足之处，敬请广大读者批评指正。

编　者

2025 年 1 月

目　录

项目一　直播销售概述 ………… 1

项目概述 ……………………… 1

学习目标 ……………………… 2

项目实施流程 ………………… 2

任务一　直播销售认知 ………… 3

　活动1　初识直播销售 …………3

　活动2　分析直播销售的模式 …5

　活动3　梳理直播销售的流程 …7

任务二　直播销售平台认知 …… 11

　活动1　探索内容直播销售平台 …11

　活动2　了解电商直播销售平台 …14

　活动3　探究社交直播销售平台 …16

任务三　直播销售相关岗位

　　　　认知 ………………… 19

　活动1　初识直播销售相关岗位 …20

　活动2　探索直播销售人员的岗位

　　　　　职责、职业素养及职业

　　　　　发展 …………………23

任务四　直播销售相关法律法规

　　　　及平台规则认知 …… 29

　活动1　了解直播销售相关法律

　　　　　法规 …………………29

　活动2　梳理直播营销平台规则 …33

项目二　直播销售前期准备 … 38

项目概述 ……………………… 38

学习目标 ……………………… 39

项目实施流程 ………………… 39

任务一　直播团队组建 ………… 40

　活动1　分析直播团队结构 …………40

　活动2　组建直播团队 …………44

任务二　直播销售主播选择 …… 47

　活动1　选择合适的直播销售主播 …47

　活动2　培训直播销售主播 …………49

任务三　直播销售场景搭建 …… 53

　活动1　布置直播场地 …………53

　活动2　配置直播设备 …………58

任务四　直播销售选品准备 …… 63

　活动1　选品定位 ………………64

　活动2　筛选产品 ………………66

　活动3　测试产品 ………………69

项目三　直播销售策划 ……… 73

项目概述 ……………………… 73

学习目标 ……………………… 74

项目实施流程 ………………… 74

任务一　直播销售内容策划 …… 75

　活动1　确定直播主题 …………75

　活动2　确定直播销售目的 …………78

　活动3　确定直播销售形式 …………81

任务二　直播销售话术策划 …… 84

　活动1　初识直播销售话术 …………84

　活动2　策划直播销售话术 …………87

任务三　直播销售活动策划 …… 91

　活动1　策划直播互动活动 …………91

　活动2　策划直播促销活动 …………95

任务四　直播销售脚本策划 …… 98

　活动1　策划整场直播脚本 …………99

　活动2　策划单品直播脚本 …………103

项目四　直播销售过程实施...108

项目概述 108
学习目标 109
项目实施流程 109
任务一　直播开场 110
　活动1　认识直播开场 110
　活动2　策划直播开场 112
任务二　直播商品讲解 116
　活动1　认识商品讲解 116
　活动2　策划商品讲解 119
任务三　直播营销活动开展...123
　活动1　实施直播营销活动 124
　活动2　设置直播营销工具 126
任务四　直播粉丝互动 131
　活动1　认识粉丝互动工具 131
　活动2　实施粉丝互动 133

项目五　直播销售突发状况
　　　　 处理 138

项目概述 138
学习目标 139
项目实施流程 139
任务一　直播间技术故障处理...140
　活动1　分析直播间技术故障的
　　　　 原因 140
　活动2　解决直播间技术故障 143
任务二　直播间商品问题处理...145
　活动1　分析直播间常见的商品
　　　　 问题 145
　活动2　处理直播间商品问题 147
任务三　直播间用户负面评价
　　　　 处理 150
　活动1　分析直播间用户负面评价
　　　　 的原因 151

　活动2　处理直播间用户负面评价
　　　　 问题 152

项目六　直播销售后期
　　　　 运营 157

项目概述 157
学习目标 158
项目实施流程 158
任务一　直播销售售后管理 159
　活动1　梳理售后处理流程 159
　活动2　探索直播平台售后操作 162
任务二　直播间粉丝维护与
　　　　 管理 176
　活动1　梳理直播间粉丝维护
　　　　 方法 176
　活动2　分析粉丝管理技巧 179

项目七　直播销售效果监控与
　　　　 优化 182

项目概述 182
学习目标 183
项目实施流程 183
任务一　直播销售数据采集 184
　活动1　确定直播数据采集指标 184
　活动2　采集直播数据 186
任务二　直播销售数据分析 192
　活动1　分析用户数据 192
　活动2　分析流量数据 195
　活动3　分析互动数据 198
　活动4　分析销售数据 200
任务三　直播销售效果优化 202
　活动1　直播流量优化 202
　活动2　直播互动优化 205
　活动3　直播转化优化 207

项目一

直播销售概述

项目概述

　　随着我国在线直播行业的商业模式逐渐发展成熟，"直播+"模式正推动着直播平台向产业链各端渗透，直播已经成为商家越来越重要的销货通路，也是消费者了解品牌的重要渠道。如今直播销售行业正呈现出去头部化、去中心化的趋势，内容和形式也在不断地丰富，越来越多的角色带着新元素、新玩法加入其中，为这个行业增添无限生机。

　　直播销售以门槛低等特点，增加了广大商家销售商品的机会。直播销售可以实现一对多地推销商品，在直播销售过程中，商家只有不断满足观众需求，为观众带去价值，才能源源不断地获得客户。

学习目标

✈ **知识目标**

1. 了解直播销售的概念、特点及模式。
2. 熟悉直播销售的流程。
3. 了解直播销售平台的不同类型及其特点。
4. 熟悉不同类型直播平台的入驻流程及要求。
5. 知晓直播销售相关岗位及职业技能的等级划分。
6. 了解直播销售涉及的法律法规及法律风险。

✈ **技能目标**

1. 能够分析直播销售的模式。
2. 能够阐述直播销售各流程的具体工作内容。
3. 能够依据策划目的选择合适的直播销售平台，并顺利入驻各类直播销售平台。
4. 能够了解直播销售相关岗位及职业技能等级。
5. 能够解读直播销售涉及的重点法律法规条文。
6. 能够辨别直播销售平台的违规行为。

✈ **素养目标**

1. 具备从事电商、广告等行业应有的法律法规意识，并用法律法规指导直播销售工作。
2. 践行社会主义核心价值观，尊重社会公德，促进行业健康发展，营造良好网络生态。

项目实施流程

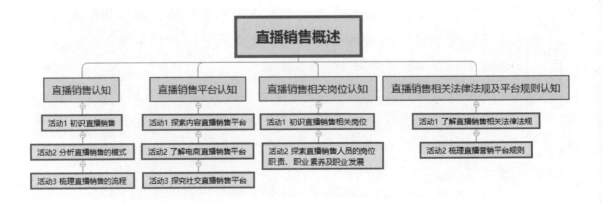

项目实施准备

直播销售概述的项目实施准备清单如表 1-1 所示。

表 1-1　直播销售概述的项目实施准备清单

项目	具体内容	用处
设备	良好的网络环境、正常且稳定的多媒体设备	教学演示、自主学习、合作探究
资料	直播销售概述相关的教材、课件、微课等学习资料	学生自主学习
案例	有关直播销售不同模式的实际案例、直播销售整个过程的案例视频等	教师案例展示
人员安排	2~3 人一组，通过网络搜索学习资料，并借助案例，开展活动	小组合作探究

任务一　直播销售认知

【职场情境】

"桂品味道"是一家汇集八桂优质特色农副产品的企业，地处广西壮族自治区玉林市容县，该地区因为得天独厚的资源禀赋和人文优势，非常适合农作物生长。"桂品味道"通过多年经营，已经建立了成熟的电子商务平台，经营的农副产品包括沙田柚、薏仁米、罗汉果等。受到直播风潮的影响，该企业想借助直播的方式，拓宽广西农产品的销售渠道，提升特优农产品企业的市场知名度，助力乡村振兴。小夏是某学校电子商务专业的应届毕业生，她热情活泼、语言表达能力强，并且对直播非常感兴趣。毕业后，小夏顺利入职"桂品味道"，并从事直播销售工作。为了让小夏更快适应岗位，该企业安排运营部陈经理带领她工作。小夏进入企业并熟悉基本制度后，陈经理安排她先收集并整理直播销售的基础知识。

【任务分析】

虽然小夏在校期间学习过与直播相关的课程，但是由于直播电商行业瞬息万变，之前所学的知识已不能完全适应行业的发展。小夏只有了解当下直播电商的概念、时刻关注直播销售的模式和发展趋势，才能跟上时代发展、不被行业淘汰。

【任务实施】

课堂沙龙

👤 活动 1　初识直播销售

小夏作为刚进入直播销售行业的新人，不仅需要了解入职企业的文化、制度、商品、组织架构等，还需要了解直播行业的发展情况。作为直播销售人员，小夏认为自己首先需要弄清楚什么是直播电商，也就是需要了解当下直播电商的概念以及直播电商的特点，这有利于自己更好地认识直播销售的作用和意义。

活动步骤

步骤 1：了解直播销售的相关概念

据中国演出行业协会网络表演（直播）分会、南方都市报、南都大数据研究院联合编制的《中国网络表演（直播与短视频）行业发展报告（2023—2024）》，截至 2023 年 12 月，我国网络直播用户规模达 8.16 亿，2023 年我国网络表演（直播）行业整体市场营收达 2095 亿元。直播销售发展得如火如荼，带给用户更直观、生动的购物体验，为电子商务（简称"电商"）行业提供了强劲的增长动力。直播销售相关概念应运而生，具体如下。

（1）直播销售：在中华人民共和国境内，通过互联网、应用程序、小程序等，以视频直播、音频直播、图文直播或多种直播相结合等形式开展营销的商业活动。

（2）直播销售平台：在网络直播销售中提供直播服务的各类平台，包括内容直播销售平台、电商直播销售平台、社交直播销售平台等。

（3）直播间运营者：在直播销售平台上注册账号或者通过自建网站等其他网络服务，开设直播间，从事网络直播销售活动的个人、法人和其他组织。

（4）直播销售人员：网络直播销售中直接向社会公众开展营销的个人。

（5）直播销售人员服务机构：为直播销售人员从事网络直播销售活动提供策划、运营、经纪、培训等服务的专门机构。

总结上述概念，可以看出直播销售是一种结合了直播和电商的销售模式，通过实时直播的方式向观众展示和推销商品或服务，从而实现销售的过程。在直播销售中，主播通过视频直播的形式与观众进行互动，展示商品的特点、功能和使用方法，同时提供购买链接，方便观众直接购买。

步骤 2：探索直播销售的特点

直播销售是"直播"和"电商"融合的产物，具有以下几个显著特点。

（1）实时性。借助电商直播平台，主播能够实时与用户分享自己的生活日常，将自身所处的环境、场合、氛围等信息一并传递给用户，这类动态化的内容能包含更多信息，更适合进行信息传递。用户也可以通过评论等方式，针对主播发布的相关信息进行实时交流互动。

（2）互动性。通过直播，主播可以实时介绍与试用商品，给用户更直观的观看体验；用户可以针对商品提问，主播可以及时回答。同时，直播间内还可以开展互动活动，如抽奖、发红包或优惠券等。直播电商的强互动性，不仅能提高用户在直播间的活跃度，增强其参与感，还能提高用户对商品和品牌的信任程度。

（3）真实性。一方面，直播的实时传播将主播的一举一动呈现给观看直播的用户，大大减少了网络的虚拟感，让用户获得更加真实的体验。另一方面，在观看直播的过程中，用户可以就与商品相关的问题和主播进行实时互动，主动向主播咨询和获取商品的有效信息。

（4）直观性。区别于传统电商平台上的文字和图片，在直播过程中，主播能够对商品进行全方位的展示，将商品的设计细节更加直观地呈现给用户，还可以对商品的使用方法和技巧进行介绍，让用户在了解商品的同时掌握一些商品的使用技巧。

（5）精准性。面对互联网上的海量信息，用户难以识别信息的有用性，而直播电商能够针对用户进行精准传播，传播的内容对用户来说是有用的信息。进入直播间的用户，本身就是对商品感兴趣的目标用户，进入直播间这种行为是用户主动选择的，因此直播电商传播具有高度精确性。

活动实践

请同学们以自主学习及合作探究的方式帮助小夏完成以下活动，并将结果填写在相应的横线上、表格中。

（1）了解直播销售。

根据直播销售的学习资料、微课，或借助网络，认识直播销售的概念，并根据自己所学以及对日常接触的直播销售的了解，阐述对直播销售的理解。

_____

_____

（2）了解直播销售的特点。

请根据下面的情景描述，将对应的直播销售的特点填写在表 1-2 中。

表 1-2　直播销售特点

情景描述	直播销售特点
用户在观看某场直播时，因为对主播讲述的商品特别感兴趣，想要进一步了解，于是通过发送弹幕要求与主播连麦，最终通过连麦清楚地了解到该款商品的细节	
某主播在直播一款卸妆油的过程中，现场试用，向用户展示卸妆效果	
在一场直播中，用户通过不断地发表评论与主播进行沟通，询问相关商品的问题	

👤 活动 2　分析直播销售的模式

小夏将自己对当下直播销售的概念及特点进行总结后，报告给了部门陈经理。经过提问、考查，陈经理觉得小夏已经正确认识了直播销售。但是这还不够，小夏要想开展工作还需要清楚直播销售模式，因为直播销售模式与企业的生产情况、经营状况及人员直播能力等关系紧密，所以分析直播销售的模式便于后期实际工作方案的选择。

活动步骤

步骤1：了解直播销售模式

直播销售模式是一种结合了电子商务和视频直播技术的新型销售模式。在直播销售中，销售人员通过直播平台展示商品、介绍商品特点、回答观众问题等，吸引观众进行在线购物。观众可以在直播过程中通过直播平台的购物功能直接购买商品，也可以通过其他电商平台进行购买。

步骤2：分析直播销售模式

根据直播销售的主体不同，可以将直播销售模式分为商家直播和达人直播两种模式。这两种模式的特点如表1-3所示。

表1-3　商家直播和达人直播的特点

模式类别	说明	特点
商家直播	由商家组建直播团队开展直播	① 主播一般由商家内部人员担任 ② 观看直播的用户基本上是品牌的粉丝，他们对品牌有一定的忠诚度，对品牌的商品有一定的要求 ③ 依托自身的品牌效应，可以将非粉丝用户沉淀为自己的粉丝 ④ 商品展示方式较固定，直播内容表现形式较单一 ⑤ 可由多人轮流直播，以实现24小时直播
达人直播	由达人主播汇聚各类商品开展直播	① 主播一般没有自己的货源，需与商家对接后在直播间内销售商家的商品 ② 商品品牌多样，上新速度快，但受限于商家提供的商品款式 ③ 主播需要凭借自身积累的粉丝和较强的内容生产能力实现流量转化 ④ 用户购买商品除了基于对品牌的信任和对商品的需求外，也基于对主播的信任 ⑤ 单人或团队直播，直播时间有限

活动实践

请同学们以自主学习及合作探究的方式帮助小夏完成以下活动，并将结果填写在相应的横线上、表格中。

（1）了解直播销售模式。

根据直播销售的学习资料、微课，或借助网络，了解直播销售模式，并根据自己所学以及所接触的直播销售模式，阐述对直播销售模式的理解。

_____

_____

_____

（2）分析直播销售模式。

阅读下面两个案例，分析两个案例的直播销售模式、具体的特点，将结果记录在表 1-4 中。

案例 1

DS 官方旗舰店主营的商品是非常冷门的蘑菇菌种，属于开发型商品，不同于平台热卖商品。店铺创始人有自己的生产和种植基地，其借助多多直播，在基地开始了第一场直播。直播间的观众对商品非常感兴趣，看到一朵朵蘑菇，充满了好奇，积极提问。经过两个小时的直播，转化率竟然达到了 10.7%。

案例 2

2020 年 5 月，某瓜子品牌以 1 秒内销售 12 万袋的成绩宣告与初代"网红"合作的成功。该品牌是新疆知名的瓜子品牌，许多人都以为它应该亮相某"网红"直播间的"大牌半价"环节，观众只需要半价就能购买。然而，直播开始后，初代"网红"直播间挂出了优惠标签，这让许多人都惊掉了下巴——4.4 折的优惠大放送，比"大牌半价"更实惠。

表 1-4　直播销售模式对比分析表

案例	直播销售模式	特点
案例 1		
案例 2		

活动 3　梳理直播销售的流程

小夏学习直播销售模式后，认为一场以销售为目的的直播活动，并不是几个人对着镜头说说话而已，而是有着明确的工作流程。她觉得熟悉直播销售的流程以及各个环节的主要内容非常重要，只有清楚各个环节的工作内容，才能在策划直播方案时有针对性、有目的地设计内容，从而顺利地完成整个直播销售过程，进而达到直播销售的目标。

活动步骤

步骤 1：剖析直播销售流程

在直播电商中，直播销售流程可以分为直播销售前、直播销售中及直播销售后三个阶段。具体的直播销售流程可简单概括为图 1-1。

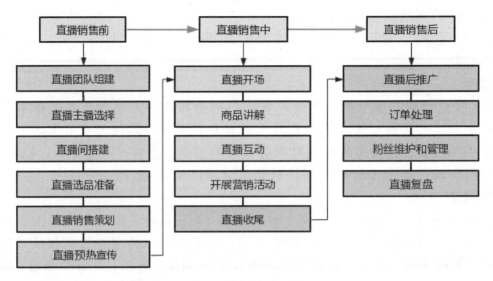

图 1-1　直播销售流程

步骤 2：分析直播销售环节

1. 直播销售前

直播销售前需要完成以下环节的工作。

（1）直播团队组建。直播团队的组织结构及人员配置因业务需求的不同而不同。通常直播团队由主播、助理、场控、策划、招商等人员组成。

（2）直播主播选择。一般会根据与产品的匹配度、直播经验、专业能力等方面来进行主播的选择。

（3）直播间搭建。直播间搭建主要包括背景、灯具、声音收集设备的布置安排。背景风格要与直播内容符合；灯光既不要过亮，也不能过暗，一般双光源最佳；声音收集设备尽量选择声卡和话筒。

（4）直播选品准备。商家在进行选品准备时，需要确定选品的范围，确定选品标准、选品策略、选品审核等。

（5）直播销售策划。直播销售策划是直播前的重要环节，有了详细的直播策划，后续事宜才能有序地开展。直播销售策划包括内容策划、话术策划、活动策划以及脚本策划等。

（6）直播预热宣传。直播预热宣传是直播销售中的关键一步，做好直播预热宣传能大大提高直播间的流量，从而提升直播间的销售额与转化率。利用各种方式进行视频预热、文案预热，提前对直播进行宣传，邀请更多用户进入直播间。

2. 直播销售中

直播销售中需要完成以下工作。

（1）直播开场。直播开场是通过开场互动让用户了解本场直播的主题、内容等，使用户对本场直播产生兴趣并停留在直播间。在直播开场时，除了自我介绍、欢迎问好和提醒关注外，主播还可以设置一些活动，比如抽奖、发优惠券等。

（2）商品讲解。主播需要通过讲解商品的特点、功能、优势、优惠力度等来引起消费者的购买兴趣。

（3）直播互动。实时互动性是直播的特点之一，直播互动的方式很多，常见的有发放福袋、抽奖、连麦等。

（4）开展营销活动。主播需要设计一些促销策略，例如组合销售、开展赠品活动等提高消费者的购买积极性和转化率。

（5）直播收尾。主播需要通过感谢观众、回顾本次直播、提醒观众购买等方式，结束本次直播销售。

3. 直播销售后

直播销售后需要完成以下工作。

（1）直播后推广。基于直播内容，整理现场图片、精彩画面或片段、平台数据等直播素材，制作图文、视频等二次传播物料。

（2）订单处理。根据直播销售情况，整理订单数据，在规定时间内合理安排发货；在客户确认收货后，及时落实商品优惠措施、奖品发放、免单福利等。

（3）粉丝维护和管理。与粉丝互动是维护粉丝、提升粉丝活跃度的重要方法，可以通过社群和粉丝互动交流。

（4）直播复盘。分析每场直播的优劣势，以此进行直播的优化，为下一次直播的顺利进行奠定良好基础。

活动实践

请同学们根据给出的案例，通过小组合作探究的方式帮助小夏完成以下活动，并将分析的结果填写在下列表格或方框中。

案例

某女装电商企业最近正在筹备一场直播活动，运营团队通过前期准备，组建了一支直播团队，确定了此次直播的选品范围，并结合直播销售人员的能力，选定了一个经验丰富的主播。策划人员在前期完成了内容、话术、活动以及脚本策划并进行了预热宣传。直播当天，相关人员提前一小时对直播现场进行了布置，技术人员对设备进行了调试，主播在既定时间开始了直播销售。主播首先进行自我介绍、欢迎问好，并提醒用户加入粉丝团，接着进行商品的讲解，讲解过程中通过一些促销策略不断和用户进行互动，最后感谢用户、回顾本次直播，结束本次直播销售。直播结束后，直播团队召开会议，对此次直播进行复盘、推广，同时安排仓库人员及时发货。客服人员对群内新进粉丝进行维护。

（1）剖析直播销售流程。

阅读上面的案例，剖析该案例涉及的直播销售流程，并将整理的结果填写在图 1-2 的方框里。

图 1-2　案例中的直播销售流程

（2）分析直播销售环节。

分析案例中各流程的主要环节及具体的工作内容，并将结果填写在表 1-5 中。

表 1-5　案例中各流程的主要环节及具体的工作内容

流程名称	主要环节	具体工作内容

【任务拓展】

味香粮油有限公司是一家生产销售企业，主要加工各级别的菜籽油，之前以"线下门店+线上店铺销售"为主要销售模式。该企业的菜籽油在当地拥有一定的知名度，且在网店经营的这几年，收获了很多粉丝。随着直播行业的兴起，企业运营部领导也着手进行平台直播销售，并对企业内的销售人员进行了直播销售方面的培训。待人员熟悉并掌握了直播销售的方法和技巧后，该企业准备在店铺周年大庆开展第一场直播活动。

请基于上述的背景情况，为该企业选择合适的直播销售模式，并为直播活动的开展设计合理的直播销售流程。

选择的直播销售模式：_____

设计的直播销售流程：_____

【任务评价】

根据实践活动过程及实践活动结果，进行学生自评、学生互评与教师点评。

考核内容	具体要求	评价		
		学生自评	学生互评	教师点评
知识掌握	能够阐述直播销售的概念、特点，以及直播销售模式			
技能要求	能够结合案例分析直播销售模式、直播销售环节，并能够准确梳理直播销售的完整流程			

任务二 直播销售平台认知

【职场情境】

小夏入职半年后，恰逢"双十一"购物节。为了促进广西特色的农副产品的销售，企业决定基于自己的品牌定位，建立直播矩阵进行直播营销，主要进行引流、商品销售以及品牌宣传。小夏第一次接触大型直播销售活动，对直播销售操作流程、操作规则等不太熟悉，随即展开了学习。

【任务分析】

直播矩阵规划是直播销售中重要的一环。构建直播矩阵可以实现直播运营的差异化，满足粉丝的不同需求，实现精准吸引粉丝，还可以增强各矩阵账号的影响力，实现个人或企业品牌推广范围和营销效果的最大化。小夏根据此次直播的不同目的，对常见的直播平台进行分类，分为内容直播销售平台、电商直播销售平台、社交直播销售平台。小夏还系统地学习了各类直播平台的特点、入驻流程、入驻规则等基本内容，并结合品牌定位、商品特点，在不同类型的直播平台中选择适合开展本次活动的平台，以实现引流、商品销售以及品牌宣传等目的。

【任务实施】

🛒 课堂沙龙

👤 活动1 探索内容直播销售平台

小夏首先对内容直播销售平台的相关知识进行学习。她需要先了解常见的内容直播销售平台，并分析各平台的特点，还要弄清楚各平台的入驻规则和入驻所需的材料。

活动步骤

步骤1：认识内容直播销售平台

1. 常见的内容直播销售平台

内容直播销售平台是指通过实时在线视频传输，将内容创作者或主播的活动实时展示给观众，以达到销售商品、推广品牌或增加粉丝等目的的平台。在内容直播销售平台上，主播或内容创作者可以通过直播的形式向观众展示商品、品牌形象或其他内容。观众可以通过点击直播间内的链接购买商品或关注主播。内容直播销售平台通常会提供直播工具、支付结算、数据分析等服务，为主播、内容创作者、品牌或商家提供更便捷的营销渠道，也为观众提供更丰富的内容和更优质的购物体验。常见的内容直播销售平台包括抖音、快手等。

2. 内容直播销售平台的特点

内容直播销售平台具有专注内容输出、互动性强、内容形式多样化、长尾效应等特点，吸引了越来越多的内容类主播入驻。

（1）专注内容输出。内容直播销售平台重视内容的质量和创意，主播通过直播分享有趣、实用或有价值的内容，吸引观众关注和参与互动。

（2）互动性强。内容直播销售平台鼓励观众与主播进行实时互动，例如提问、评论和点赞等，从而增强观众的参与感和黏性。

（3）内容形式多样化。内容直播销售平台提供了多样化的内容形式，主播可以通过直播展示产品的使用方法、功能特点，分享产品的相关知识和使用经验，进行产品的试用演示和评测等；此外，还可以通过发布搞笑、娱乐、美食、生活等各种内容形式的短视频来吸引观众关注和参与互动。

（4）长尾效应。内容直播销售平台的内容可以通过回放等方式长期存在，吸引更多观众关注和观看。

步骤 2：入驻内容直播销售平台

1. 内容直播销售平台的入驻流程

入驻内容直播销售平台需要经历一系列的申请和审核流程，并遵守平台的相关规定和政策，才能够获得平台的支持，从而实现更好的营销效果。内容直播销售平台的入驻流程如图 1-3 所示。

登录官网 → 选择身份 → 注册账号 → 提交资料 → 平台审核 → 开始直播

图 1-3 内容直播销售平台的入驻流程

2. 内容直播销售平台的入驻材料

尽管抖音、快手等内容直播销售平台的入驻材料有所不同，但是入驻材料一般都需要提交基础资质信息和店铺信息。

（1）基础资质信息。

① 营业执照。

需提供三证合一的工商营业执照原件、扫描件或加盖公司公章的工商营业执照复印件；确保未在企业经营异常名录中且所售商品在工商营业执照经营范围内。

② 身份信息。

根据身份归属地，提供经营者在有效期限范围内的有效身份证件。

③ 账户验证。

账户验证包括以下两种方式：实名认证，打款验证。实名认证需要填写经营者/法人名下银行卡号，输入银行预留手机号，填写验证码即可验证；打款验证需填写企业对公银行卡号、开户银行、开户支行的所在地及名称，输入平台给该账户的打款金额即可验证。

（2）店铺信息。

店铺信息包含店铺类型、经营类目和品牌资质。店铺类型包括企业店、专营店、专卖店、旗舰店以及官方旗舰店。经营类目可以在经营大类（一级类目、二级类目）中选择。品牌资质包括自有品牌和授权品牌：自有品牌需提供商标注册证号，或通过国家知识产权局商标局官网查询商标注册号；授权品牌需提供由商标权利人为源头授权到开店主体的完整授权关系文件/授权书、已经注册的商标（R 标）或申请时间满六个月且无驳回复审的 TM 标、授权文件等。

入驻内容直播销售平台，除了要提交以上资料，还需要缴纳入驻费用，入驻费用因平台的不同而有所差异。

抖音平台的入驻材料与费用可以通过登录抖音官方后台——抖店进行了解，快手平台的入驻材料与费用可以通过登录快手官方后台进行了解。

除了以上入驻条件外，不同平台可能会有一些其他的要求，例如直播主题、直播时长、粉丝数量等。

活动实践

请同学们以自主学习及小组合作探究的方式帮助小夏完成以下活动，并将结果填写或整理在相应的横线上、方框中。

（1）认识内容直播销售平台。

根据任务背景，请帮助小夏选择合适的内容直播销售平台进行引流，将选择结果呈现在下方方框中，并将选择原因填在下方横线上。

□抖音
□快手
□西瓜

选择原因：

_____

_____

_____

_____

（2）入驻内容直播销售平台。

小夏在选择了内容直播销售平台后，需要按照平台要求，准备相关的入驻资料。请帮助小夏整理出相关资料，并将其呈现在下方方框中。

内容直播销售平台入驻资料粘贴处

👤 活动 2 了解电商直播销售平台

　　小夏在选择了合适的内容直播销售平台进行直播引流后，效果不错，现在企业决定开展广西特色产品的销售，需要选择合适的电商直播销售平台。小夏觉得要想选择合适的电商直播销售平台，首先需要了解常见的电商直播销售平台及其特点，还要清楚各个平台的入驻规则和具体的操作流程。接下来，小夏就带着这些任务，开启了电商直播销售平台的探索之旅。

活动步骤

步骤1：认识电商直播销售平台

1. 常见的电商直播销售平台

　　电商直播销售平台是通过实时在线视频传输，将商品和销售活动实时展示给观众，以达到销售商品、推广品牌或增加粉丝等目的的平台。在电商直播销售平台上，商家可以通过直播展示商品、与观众互动、解答问题，以增加商品的曝光度和销售量。观众可以通过直播了解商品的详细信息、提出疑问，并下单购买商品，还可以与主播互动。日常生活中，常见的电商直播销售平台主要有淘宝、京东、拼多多等，如表1-6所示。

表1-6　常见的电商直播销售平台

电商直播平台	淘宝	京东	拼多多
平台属性	电商	电商	电商+社交
流量来源	公域流量	公域流量	私域或公域投放的广告
商品属性	淘宝系内全品类	京东电商全品类	农产品、小商品、地方特产
"带货"模式	商家直播和达人导购模式	商家直播和达人导购模式	商家直播模式

2. 电商直播销售平台的特点

　　电商直播销售平台具有实时购物体验、个性化推荐、多元化的营销手段、数据驱动的运营等特点，已经成为电商领域的重要平台，为用户提供更加便捷、快速、有趣的购物体验，同时也为商家提供了更广阔的市场和更多的销售机会。

　　（1）实时购物体验。电商直播销售平台提供了实时购物的体验，观众可以在直播过程中直接购买产品，享受到即时购物的乐趣。

　　（2）个性化推荐。电商直播销售平台通过算法和数据分析，根据观众的兴趣和购买历史，个性化地推荐适合的产品，提高购买转化率。

（3）多元化的营销手段。电商直播销售平台注重营销手段的创新，例如开展团购活动、发放优惠券等，吸引观众购买商品。

（4）数据驱动的运营。电商直播销售平台通过数据分析和用户行为洞察，优化直播内容和推荐策略，改善用户体验和销售效果。

步骤2：入驻电商直播销售平台

1. 入驻电商直播销售平台的流程

尽管淘宝、京东、拼多多等直播电商销售平台的入驻流程略有差异，但基本流程相差不大：登录官网、选择账号类型、身份认证、申请直播权限、平台审核、开始直播等，如图1-4所示。商家需要严格按照流程操作，确保顺利入驻。

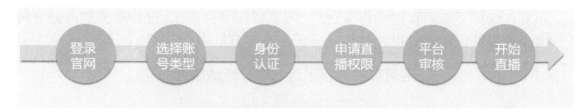

图1-4　电商直播销售平台的入驻流程

2. 电商直播销售平台的入驻要求

个人或者商家入驻电商直播销售平台，需要遵守一定的入驻要求。对常见平台的入驻要求进行整理，发现目前大部分电商直播销售平台一般有以下入驻要求。

（1）店铺要求。平台对商家店铺等级和销量有一定要求。

（2）品牌及商品要求。商家需提供相应的商品和服务，并确保其符合相关法规和政策要求。此外，商家还需要保证商品质量和服务品质，以保护用户的权益，且使用户感到满意。

（3）服务能力要求。商家需要具备一定的直播能力和表达能力，以保证直播内容的质量和效果。同时，商家还需要有一定的售后服务和配送能力，以满足用户的需求。

（4）无违规及扣分。不存在出售假冒商品违规的行为，未因发布违禁信息或假冒材质成分的严重违规行为扣分。

一般情况下，每个平台都有自身独特的入驻规则和管理规则。商家在选择入驻前应当对每个平台进行全方位的考察和分析，结合自身的商品，选择适合自己店铺发展的平台。

活动实践

请同学们以自主学习及小组合作探究的方式帮助小夏完成以下活动，并将结果填写或整理在相应的横线上、方框中。

（1）认识电商直播销售平台。

根据任务背景，请帮助小夏选择合适的电商直播销售平台进行引流，将选择结果呈现在下方方框中，并将选择原因填在下方横线上。

| □淘宝 |
| □京东 |
| □拼多多 |

选择原因：

_____

_____

_____

（2）入驻电商直播销售平台。

小夏在选择了电商直播销售平台后，需要按照平台要求，准备相关的入驻资料。请帮助小夏整理出相关资料，并将其呈现在下方方框中。

电商直播销售平台入驻资料粘贴处

👤 活动3 探究社交直播销售平台

"桂品味道"已在电商直播销售平台进行了产品的直播销售，取得了不错的营销效果。接下来，直播团队还准备在社交平台上开展直播销售，以进一步扩大平台推广渠道。小夏觉得自己需要先了解常见的社交直播销售平台，然后分析整理出各个平台的特点，并弄清楚各个平台的入驻规则和具体的操作流程。只有清楚了这些内容，小夏才能够选择出合适的社交直播销售平台进行直播销售。

活动步骤

步骤1：认识社交直播销售平台

1. 常见的社交直播销售平台

社交直播销售平台是基于社交软件，通过插件、小程序等形式开展直播的平台。

常见的社交直播销售平台有微博旗下的"一直播"、微信旗下的"视频号"、小红书直播等，如图 1-5 所示。

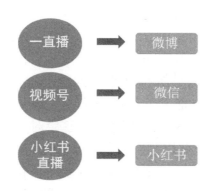

图 1-5 常见的社交直播销售平台

2. 社交直播销售平台的特点

社交直播销售平台的主要特点如下。

（1）社交化购物体验。社交直播销售平台提供了社交化的购物体验，观众可以分享购物链接、购物心得，与朋友一起购买和讨论产品。

（2）KOL（Key Opinion Leader，关键意见领袖）效应。社交直播销售平台上的主播通常具有一定的影响力和粉丝基础，他们的推荐和分享会对观众的购买决策产生较大影响。

（3）重视社群建设。社交直播销售平台鼓励观众加入社群，分享兴趣、经验和购物心得，以增强用户黏性。

步骤 2：入驻社交直播销售平台

1. 入驻社交直播销售平台的流程

入驻社交直播销售平台需要经历一系列的申请和审核流程，并遵守平台的相关规定和政策，才能够获得平台的支持。社交直播销售平台的入驻流程如图 1-6 所示。

图 1-6 社交直播销售平台的入驻流程

2. 入驻社交直播销售平台的要求

商家入驻社交直播销售平台需要遵守平台的相关要求，以确保和平台合作顺利，保障用户的权益和良好体验。一般来说，商家入驻社交直播销售平台可以参考电商直播销售平台的入驻要求，以个人身份进行直播需要遵守下列要求。

（1）年龄认证。用户需要年满十八周岁才可以进行直播，这是为了确保直播活动的合法性和安全性。未成年人若进行直播活动，可能面临一些法律问题，因此社交直播销售平台要求用户只有达到法定成年年龄才能进行直播。

（2）实名信息认证。用户需要完成个人身份信息的验证，确保提供的信息是真实有效的。这样可以减少虚构身份和欺诈行为的发生，并保护用户的合法权益。

（3）人脸认证。在进行直播之前，用户需要完成人脸认证。用户需按照系统的指引，拍摄自己的面部照片。社交直播销售平台会对用户的面部特征进行分析和比对，确认用户身份的真实性。只有通过了人脸认证的用户才能够进行直播活动。

事实上，不同的社交直播销售平台的入驻要求可能会有所不同，具体要求会根据实际情况进行调整。用户在入驻平台前需要仔细阅读平台的相关要求，并严格遵守，以确保顺利入驻平台。

活动实践

请同学们以自主学习及小组合作探究的方式帮助小夏完成以下活动，并将结果填写或整理在相应的横线上、方框中。

（1）认识社交直播销售平台。

根据任务背景，请帮助小夏选择合适的社交直播销售平台进行引流，将选择结果呈现在下方方框中，并将选择原因填在下方横线上。

□微博
□微信
□小红书

选择原因：

_____

_____

_____

_____

（2）入驻社交直播销售平台。

小夏在选择了社交直播销售平台后，需要按照平台要求，准备相关的入驻资料。请帮助小夏整理出相关资料，并将其呈现在下方方框中。

社交直播销售平台入驻资料粘贴处

【任务拓展】

小陈不仅是一名主播，还拥有自己的淘宝店铺和服饰品牌。几个月前，小陈还成立了自己的服饰设计团队。凭借对服饰潮流极高的敏锐度与不断壮大的团队，小陈的店铺平均每个月可以推出三百多款新品，这些新品能够持续满足老用户的需求，也能吸引新用户。自有服饰品牌，能保证小陈在商品价格、利润等各方面拥有自主决策权，同时还能保证选品质量、解决售后问题，将直播间的用户沉淀到店铺，实现直播间和店铺的互相宣传和导流。随着直播电商行业的快速发展，小陈也着手进行平台直播销售。

请基于上述的情况，为小陈的店铺搭建直播矩阵，选择内容直播销售平台、电商直播销售平台、社交直播销售平台，填写表1-7。

表 1-7 选择直播销售平台

序号	直播销售平台类型	选择直播销售平台	原因
1	内容直播销售平台		
2	电商直播销售平台		
3	社交直播销售平台		

【任务评价】

根据实践活动过程及实践活动结果，进行学生自评、学生互评与教师点评。

考核内容	具体要求	评价		
		学生自评	学生互评	教师点评
知识掌握	了解直播销售平台的类型，熟悉不同直播销售平台的特点，并且列举其代表性平台			
技能要求	能够依据营销策划的目的选择合适的直播销售平台，并完成平台入驻的操作			

任务三 直播销售相关岗位认知

【职场情境】

小夏在工作了一段时间后，发现自己对直播销售岗位缺乏系统的认识，决定请教运营部陈经理。陈经理准备从直播销售相关岗位的划分、岗位职责与职业素养等方面向小夏进行详细介绍，让她充分了解相关岗位，明确自己应该提升哪些方面的能力，进而实现岗位胜任，并持续发展。

【任务分析】

陈经理首先向小夏介绍直播销售相关岗位的划分，以便小夏对不同岗位形成初步认识，并对直播销售职业技能等级进行介绍，让小夏能够准确定位自己的岗位及等级；接下来对小夏所在的岗位——直播销售人员的职业素养及未来发展进行具体介绍，明确小夏的职业发展方向和能力提升策略。

【任务实施】

活动1 初识直播销售相关岗位

陈经理先向小夏介绍直播销售相关岗位的划分，这有利于小夏初步认识直播销售的不同岗位。

活动步骤

步骤1：了解直播销售相关岗位

1. 直播销售的相关岗位划分

一个完整的直播销售团队，通常包括多个岗位类型，具体岗位如表1-8所示。

表1-8 直播销售相关岗位

序号	岗位划分	具体岗位类型
1	策划	商务拓展（Business Development，BD）、产品经理、文案策划、品牌策划
2	直播	编导、主播、助播、场控
3	运营	活动运营、内容运营、数据运营、网店运营
4	技术	摄像、剪辑
5	客服	售中咨询接待、售后服务、社群维护

2. 直播销售的相关岗位介绍

（1）策划。

策划岗有商务拓展、产品经理、文案策划、品牌策划等岗位，具体岗位工作内容如下。

① 商务拓展负责与合作伙伴进行商务洽谈，寻找合作机会，拓展销售渠道。他们需要与各类渠道合作伙伴进行沟通，建立合作关系，促进产品的推广和销售。

② 产品经理负责产品的规划、开发和推广工作，需要与直播销售团队其他岗位人员紧密合作，了解市场需求和用户反馈，优化产品功能和用户体验。

③ 文案策划负责撰写直播销售的文案和宣传材料。他们需要根据产品特点和目标受众，撰写吸引人的文案，准确传达产品的价值和优势，以吸引观众的关注和

激发其购买欲望。

④ 品牌策划负责制定直播销售的品牌策略和推广计划。他们需要分析市场现状和竞争情况，确定品牌的定位和差异化策略，并与市场营销团队合作，进行品牌推广和宣传。

（2）直播。

直播岗有编导、主播、助播、场控等岗位，具体岗位工作内容如下。

① 编导负责直播的策划和导演工作，确定直播的内容和形式，组织工作人员进行合作，保证直播的质量和效果。

② 主播在直播电商领域的官方称谓为"直播销售员"，具体是指通过电子商务和视频直播技术，向消费者展示和销售产品的专业人员。

③ 助播负责协助主播进行直播。他们需要与主播配合，为主播提供支持和帮助，包括准备道具、解答观众的问题和打消观众的疑虑等。

④ 场控负责直播的现场管理和控制。他们需要协调各个环节的工作，处理突发情况，确保直播顺利进行。

（3）运营。

运营岗包括活动运营、内容运营、数据运营以及网店运营等岗位，具体岗位工作内容如下。

① 活动运营负责策划和组织直播销售相关的活动。他们需要与其他部门合作，确定活动的目标和内容，制定活动计划和执行方案，并负责活动的推广和宣传。

② 内容运营负责直播销售平台的内容管理和运营工作。他们需要制定内容策略和计划，管理直播和视频内容的发布和推广，提高用户黏性和活跃度。

③ 数据运营负责直播销售数据的收集、分析和运用。他们需要运用数据分析工具和方法，对直播销售数据进行分析，为直播销售人员提供数据支持和决策参考。

④ 网店运营负责直播销售平台的网店运营和管理，负责管理产品的上架和下架，开展促销活动和制定优惠策略，提高网店的曝光度和销售额。

（4）技术。

技术岗主要包括摄像和剪辑等岗位，具体岗位工作内容如下。

① 摄像负责直播的拍摄工作，能够根据需要进行拍摄和切换画面，确保直播画面的质量和效果。

② 剪辑负责直播和视频的后期制作和编辑工作，能够将素材进行合理的剪辑和组合，提升视频的观赏性和吸引力。

（5）客服。

客服岗主要包括售中咨询接待、售后服务、社群维护等岗位，具体岗位工作内容如下。

① 售中咨询接待负责在直播销售过程中为客户解答疑问。他们需要熟悉公司的产品和服务，了解客户的需求和痛点，能够提供专业的建议和解决方案。售中咨

询接待需要具备良好的沟通和表达能力，能够与客户建立良好的关系，提高销售转化率。

② 售后服务负责在客户购买产品后提供相应的支持和服务。他们需要处理客户的退换货、维修和投诉等问题，提高客户的满意度和忠诚度。售后服务需要具备良好的沟通和解决问题的能力，能够及时响应客户的需求和反馈。

③ 社群维护负责管理和维护直播销售平台的社群和粉丝群体。他们需要与客户进行互动和沟通，回答客户的问题，提供相应的支持和帮助。社群维护需要具备良好的社交和沟通能力，能够与客户建立良好的关系，提高客户活跃度。

步骤 2：了解直播销售职业技能的等级

1. 直播销售职业技能的等级划分

直播销售职业技能通常可划分为三个等级，即初级、中级、高级，三个级别依次递进，高级别职业技能涵盖低级别职业技能要求。具体的等级要求如表 1-9 所示。

表 1-9　直播销售职业技能等级要求

序号	等级	要求
1	初级	主要面向互联网企业、电子商务企业、向"互联网+"转型的传统企业等的电商部门，从事直播间搭建与运维、直播开展、直播后运维与数据整理等工作，具备直播平台操作、直播开展和数据分析的能力
2	中级	主要面向互联网企业、电子商务企业、向"互联网+"转型的传统企业等的电商部门，从事直播策划、直播销售和推广等工作，具备直播创意策划、商品讲解与控场、引流推广和数据分析的能力
3	高级	主要面向互联网企业、电子商务企业、向"互联网+"转型的传统企业等的电商部门，从事直播商品供应链管理、方案策划与落实、效果评估与优化等工作，具备直播电商统筹规划、风险评估与应对及复盘优化的能力

2. 直播销售职业技能等级信息的获取渠道

可以进入职业技能等级证书信息管理服务平台，单击"证书信息—等级标准"，输入关键词"直播销售"后单击"搜索"，查看直播销售职业技能的等级要求。

活动实践

请同学们以自主学习及小组合作探究的方式帮助小夏完成以下活动，并将结果填写在相应的表格中。

（1）了解直播销售相关岗位。

小夏通过网络搜索和学习上述内容，认识了直播销售相关岗位，明确了自己目前的岗位，并能够阐述对本岗位的认识。请你帮小夏将结果填写在表 1-10 中。

表 1–10 直播销售岗位定位

岗位名称	
岗位划分	
岗位认识	

（2）了解直播销售职业技能的等级划分。

根据任务背景，请帮助小夏确定她目前的直播销售职业技能的等级，将选择结果呈现在下列方框中，并将选择相应等级的工作领域、工作任务及职业技能要求填在表 1-11 中。

□初级
□中级
□高级

表 1–11 相应等级的工作领域、工作任务及职业技能要求

工作领域	工作任务	职业技能要求

活动 2 探索直播销售人员的岗位职责、职业素养及职业发展

经过陈经理的简单介绍，小夏对直播销售相关岗位有了初步了解。陈经理接下来向小夏介绍了直播销售人员的岗位职责与职业素养，让小夏明确自己应该提升哪些方面的能力，从而适应未来发展。

活动步骤

步骤 1：了解直播销售人员的岗位职责和职业素养

随着技术的进步，电子商务行业的发展更加多元化，以直播电商为代表的电子商务模式迭代加速，依托这种销售模式而兴起的"直播销售人员"成为新的职业。

1. 直播销售人员的岗位职责

直播销售人员的岗位职责主要包括以下几个方面。

（1）产品介绍和演示。

直播销售人员首要的工作是对所销售的产品进行详细的介绍和演示。他们需要了解产品的特点、功能、使用方法等，并能够生动地展示产品的优势，以激发观众的购买欲望。

（2）直播间粉丝维护。

直播销售人员需要与观众实时互动和沟通。他们需要回答观众提出的问题，并根据观众的需求和反馈提供个性化的推荐和建议。通过与观众的互动，直播销售人员需要与观众建立起良好的关系，增加观众购买的可能性。

（3）引导下单，提升转化。

直播销售人员能够根据观众需求，快速提供合理建议，结合直播间优惠，引导观众下单，从而提升直播间产品转化率。

（4）其他工作。

除了以上主要岗位职责外，直播销售人员还需要协助团队成员选品、布置直播场地、梳理直播流程等。

2. 直播销售人员的职业素养

职业素养是影响一个人职业生涯的关键因素，每一个从业人员都必须具备职业素养。直播销售人员的职业素养分为两个方面，分别是专业能力和职业道德，具体内容如下。

（1）专业能力。

直播销售人员的专业能力决定其在直播行业中的未来发展。一般来说，直播销售人员的专业能力主要包括六个方面，分别是语言表达能力、镜头展现能力、控场能力、应变能力、抗压能力、学习能力。

① 语言表达能力。

直播销售人员在直播时需要讲解商品，及时与用户互动，因此应当具备较强的语言表达能力，保证发音准确、语速适中、思路清晰，能清楚地讲述商品的卖点，并将实际想法传达给用户。

② 镜头展现能力。

直播销售人员需要长时间出现在镜头中，因此镜头展现能力是直播销售人员的核心竞争力之一。直播销售人员的镜头展现能力具体表现为形象得体、讲解专业、内容有趣或有价值、互动积极等。通过镜头，直播销售人员能准确传递商品价值，以此来吸引用户观看、关注、转发、评论、购买等。

③ 控场能力。

对直播销售人员来说，控场能力主要体现在活跃直播间气氛，控制直播节奏，引导用户点赞、分享直播间等方面。在直播间人气不足、热度不高时，直播销售人员要能及时引导用户分享直播间、展开话题讨论；在用户的讨论偏离话题时，直播销售人员要能及时进行正确的引导，防止直播失控。

④ 应变能力。

应变能力是指直播销售人员能沉着、冷静地应对直播过程中发生的各种突发状况，并有效化解直播危机的能力。在直播开始前，直播销售人员要清楚直播商品、了解整个直播流程，并对直播工作进行预演，有效减少直播突发状况的发生。

⑤ 抗压能力。

由于直播销售人员的工作强度普遍偏大，同时，还有可能会面临直播间人气不足、商品销量低、用户发表负面评价等问题，因此，直播销售人员需要具备自我调节能力，能够快速调整情绪和状态，并化解负面情绪。

⑥ 学习能力。

除此之外，直播销售行业的快速发展也在考验着直播销售人员的学习能力，直播销售人员要不断地学习相关产品知识、用户画像相关内容、直播平台相关知识、直播技巧等。

以推荐商品为例，一般的直播销售人员简单地介绍商品的卖点信息，然后引导观众购买，这样的风格千篇一律，没有新意；而能保持高热度的直播间的直播销售人员，对产品的描述往往"隐匿"在故事讲解中，进而引起观众的共鸣。因此，直播销售人员需要不断学习销售技巧和产品知识，不断关注市场动态和竞争对手的情况，了解行业趋势和消费者需求的变化，以便及时调整销售策略和推广方式。

（2）职业道德。

职业道德是指在从事特定职业时应遵守的道德规范和行为准则。它是对职业人员在工作中应该遵循的道德原则和职业行为的要求。《新时代公民道德建设实施纲要》中明确指出："推动践行以爱岗敬业、诚实守信、办事公道、热情服务、奉献社会为主要内容的职业道德，鼓励人们在工作中做一个好建设者。"因此，我国现阶段各行各业普遍适用的职业道德规范的主要内容，即"爱岗敬业、诚实守信、办事公道、热情服务、奉献社会"，结合社会主义职业道德，直播销售人员的职业道德如图 1-7 所示。

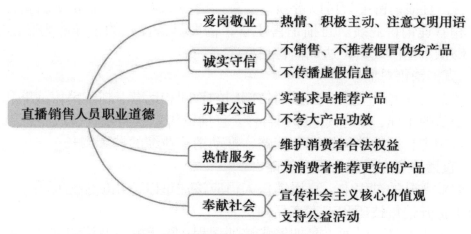

图 1-7　直播销售人员的职业道德

步骤 2：了解直播销售人员的职业发展

1. 直播销售人员的职业晋升路径

直播销售人员作为一个新兴职业，拥有比较清晰的职业晋升路径。和其他职业相似，直播销售人员可以选择专业和管理两个发展方向。

（1）专业发展方向。

从专业发展方向来看，直播销售人员的职业晋升路径为：初级直播销售人员—中级直播销售人员—高级直播销售人员。

① 初级直播销售人员。

初级直播销售人员需要了解法律法规及相关行业知识；熟悉商品包装、直播定位与活动方案设计；掌握直播应用相关知识，能够进行商品拍摄、视频剪辑和大数据营销。

② 中级直播销售人员。

中级直播销售人员除了达到对初级直播销售人员的要求外，还需要了解直播销售的生态及发展趋势；熟悉用户分析与用户购物心理分析；掌握销售技巧及策略，能够进行实战。

③ 高级直播销售人员。

高级直播销售人员除了达到对初、中级直播销售人员的要求外，还需要熟悉直播间粉丝变现的流程；精通直播营销话术；了解产品矩阵，具有打造热销商品与塑造商品价值的能力；熟练掌握用户运营技巧，能够高效完成直播转化等。

（2）管理发展方向。

从管理发展方向来看，直播销售人员的职业晋升路径为：直播销售人员—直播销售主管—直播销售总监。下面介绍后两项。

① 直播销售主管。

直播销售人员在积累了一定的销售经验，达成一定业绩之后，可以晋升为直播销售主管。直播销售主管可以带领一支直播销售团队，负责制定销售目标、规划销售策略和管理销售业绩。直播销售主管，需要具备良好的领导能力和团队管理能力，能够激励团队成员，达成销售目标。

② 直播销售总监。

直播销售总监负责整个直播销售部门的管理和运营，制定销售战略和目标，监督销售团队的工作，并与其他部门合作。直播销售总监需要具备战略思维和领导能力，能够制定长期的销售规划和策略，推动销售业绩的持续增长。

2. 直播销售人员能力提升策略

在职业晋升的过程中，直播销售人员应该注重以下几项能力提升。

（1）提升销售技巧和丰富产品知识。

直播销售人员可以通过参加销售培训课程、阅读相关书籍和文章，不断提升自己的销售技巧，丰富自己对产品的了解。比如可以学习如何更好地进行产品介绍和演示，如何与观众进行有效互动和沟通，以及如何在各种销售场景下处理问题。当掌握更多的销售技巧和产品知识时，便可以提高销售业绩，获得更好的职业发展机会。

（2）建立个人品牌和扩大影响力。

直播销售人员可以通过建立个人品牌和扩大影响力，提升自己在直播行业的知名度和认可度。比如可以通过定期发布有价值的内容、分享行业见解和经验，吸引更多的用户关注。同时，还可以积极参与行业交流和活动、与同行进行合作等，不断构建自己的人际网络。

（3）探索多元化的销售渠道。

直播销售人员可以尝试在不同的销售渠道进行推广和销售。除了传统的直播平台外，还可以考虑在社交媒体平台、电商平台、短视频平台等进行销售。通过拓宽销售渠道，直播销售人员可以扩大触达观众的范围，增加销售机会。同时，直播销售人员还可以关注新兴的直播平台和销售模式，及时抓住行业的机遇和趋势。

（4）基于数据优化销售策略。

直播销售人员可以通过数据分析来优化销售策略；可以利用销售数据和观众反馈，了解产品的销售情况和观众的购买偏好，从而调整销售策略和推广方式。比如，直播销售人员可以根据观众的兴趣和需求，给出个性化的推荐和建议，以此加强观众的购买意愿；同时，还可以通过数据分析来评估不同销售渠道的效果，从而优化资源的分配，提高销售效果和增加收益。

（5）持续学习和适应市场变化。

直播销售人员需要持续学习，不断更新知识和技能，以适应市场的变化和用户需求的变化。比如可以关注行业动态和趋势，了解推出的新产品和市场竞争的情况。同时，还可以参加行业会议和培训活动，与同行交流和学习，拓宽自己的视野和思路。只有不断学习和适应市场变化，才能在激烈的竞争中保持竞争优势，突破职业发展瓶颈。

活动实践

请同学们以自主学习及小组合作探究的方式帮助小夏完成以下活动，并将结果填写或整理在相应的表格中。

（1）了解直播销售人员的职业素养。

根据任务背景，请帮助小夏测评职业素养，将测评结果呈现在表1-12、表1-13中（在对应的框中打√即可）。

表1-12　专业能力等级选择

能力等级	语言表达能力	镜头展现能力	控场能力	应变能力	抗压能力	学习能力
初级						
中级						
高级						

表 1-13　职业道德水平选择

业务等级	爱岗敬业	诚实守信	办事公道	热情服务	奉献社会
不合格					
合格					
良好					
优秀					

（2）了解直播销售人员的职业发展。

根据任务背景，请帮助小夏选择合适的职业晋升路径，将选择结果呈现在下方方框中，并帮助小夏制订岗位提升计划。

□专业晋升方向	□管理晋升方向

岗位提升计划

【任务拓展】

小于是一名电子商务专业的学生，临近毕业，他面临找工作的问题。由于平常喜欢观看直播，小于的求职意向是直播销售人员，但是他对这方面没有系统的认识。请帮助小于通过招聘平台，搜索直播销售人员岗位信息，对直播销售人员的岗位信息进行整合，并将具体内容填入表 1-14 中。

表 1-14　直播销售人员的岗位信息

信息维度	具体内容
岗位职责	
任职要求	
晋升路径	

【任务评价】

根据实践活动过程及实践活动结果，进行学生自评、学生互评与教师点评。

考核内容	具体要求	评价		
		学生自评	学生互评	教师点评
知识掌握	了解直播销售的相关岗位和直播销售职业技能的等级划分			
技能要求	能够根据个人的发展选择合适的职业晋升路径，并制定晋升策略			

任务四　直播销售相关法律法规及平台规则认知

【职场情境】

小夏在对直播销售岗位进行系统了解后，被部门陈经理安排和另一位直播销售人员小冬在抖音平台上进行一场直播。

为了吸引观众购买店内产品，小冬策划了一套极具吸引力的话术。比如在直播中销售薏仁米，他说："薏仁米的医学保健功能可追溯到几千年前，薏仁米不但营养价值高，且具有医学保健功能。"为了彰显公司实力，小冬还说："我公司拥有南宁最大的生产基地。"因此，直播过程中薏仁米的下单量暴增，但直播进行到中段时，直播间突然被平台封禁，直播团队紧急召开会议商讨原因，团队成员一时间也无法找到解决办法，只能就此作罢，次日就安排仓库进行发货。过了一周，却接到政府相关管理部门的电话，说他们直播中销售的薏仁米被多位消费者投诉。

部门陈经理就此事件，安排直播团队进行复盘，分析此次直播中存在的问题，并安排团队全员对直播销售相关法律法规及平台规则进行系统学习，小夏随即展开了相关学习。

【任务分析】

小夏通过此次直播事件，深刻认识到在成为一名优秀的直播销售人员之前，一定要了解相应的法律法规及平台规则，这样在直播过程中才不会出现违法乱纪的情况。小夏决定先学习直播销售涉及的法律法规及法律风险，然后对直播销售平台的规则进行详细学习，以避免此次直播事故再次发生。

【任务实施】

活动1　了解直播销售相关法律法规

小夏要了解直播销售相关法律法规，不仅需要了解直播销售涉及的法律法规，还需要对直播销售涉及的法律风险进行分析。

活动步骤

步骤1：了解直播销售涉及的法律法规及法律风险

1. 直播销售涉及的法律法规

党的二十大报告指出："加快发展数字经济，促进数字经济和实体经济深度融合，打造具有国际竞争力的数字产业集群。"直播销售作为数字经济的典型代表，在发展的过程中，各种不规范的营销行为也相继暴露。为了促进互联网直播行业健康有序发展，弘扬社会主义核心价值观，维护国家利益和公共利益，国家相关部门已经陆续针对直播销售领域颁布及出台了多项法律法规，重视直播销售行业的规范管理。直播销售涉及的法律法规包括但不限于表1-15中的内容。

表1-15 直播销售涉及的法律法规

法律	《中华人民共和国广告法》《中华人民共和国电子商务法》《中华人民共和国网络安全法》《中华人民共和国消费者权益保护法》《中华人民共和国反不正当竞争法》
法规	《网络信息内容生态治理规定》《互联网直播营销信息内容服务管理规定（征求意见稿）》《网络直播营销管理办法（试行）》

（1）《中华人民共和国广告法》。

《中华人民共和国广告法》于1994年10月27日在第八届全国人大常委会第十次会议上通过，自1995年2月1日起施行，于2021年4月29日进行第三次修订。该法施行三十年来，在规范广告活动、促进广告业健康发展、保护消费者合法权益、维护社会经济秩序、促进社会主义市场经济健康发展方面，发挥了重要作用。

（2）《中华人民共和国电子商务法》。

为了保障电子商务各方主体的合法权益，全国人大常委会于2013年12月27日正式启动了《中华人民共和国电子商务法》的立法进程。2018年8月31日，第十三届全国人大常委会第五次会议通过《中华人民共和国电子商务法》，自2019年1月1日起施行。

（3）《中华人民共和国网络安全法》。

《中华人民共和国网络安全法》是为保障网络安全，维护网络空间主权和国家安全、社会公共利益，保护公民、法人和其他组织的合法权益，促进经济社会信息化健康发展而制定的法律。

（4）《中华人民共和国消费者权益保护法》。

中华人民共和国消费者权益保护法是调整在保护公民消费权益过程中所产生的社会关系的法律规范的总称。该法是我国第一次以立法的形式全面确认消费者的权利。该法对保护消费者权益、规范经营者行为、维护社会经济秩序、促进社会主义市场经济健康发展具有十分重要的意义。

（5）《中华人民共和国反不正当竞争法》。

《中华人民共和国反不正当竞争法》是为了促进社会主义市场经济健康发展，鼓励和保护公平竞争，制止不正当竞争行为，保护经营者和消费者的合法权益制定的法律。

（6）《网络信息内容生态治理规定》。

《网络信息内容生态治理规定》是我国在网络信息内容管理方面的一部重要规定，系统地回应了当前网络信息内容服务领域面临的问题，全面规定了各参与主体的权利、义务，旨在营造良好的网络生态，保障公民、法人和其他组织的合法权益，维护国家安全和公共利益。该规定已经国家互联网信息办公室室务会议审议通过，并于 2019 年 12 月 15 日公布，自 2020 年 3 月 1 日起施行。

（7）《互联网直播营销信息内容服务管理规定（征求意见稿）》。

为了促进网络直播营销的有序安全发展，国家互联网信息办公室发布了《互联网直播营销信息内容服务管理规定（征求意见稿）》，明确了直播营销平台应当防范和制止违法广告、价格欺诈等侵害用户权益的行为，以显著方式警示用户平台外私下交易等行为的风险。

（8）《网络直播营销管理办法（试行）》。

《网络直播营销管理办法（试行）》是为加强网络直播营销管理，维护国家安全和公共利益，保护公民、法人和其他组织的合法权益，促进网络直播营销健康有序发展而制定的办法，自 2021 年 5 月 25 日起施行。

除上述法律法规外，直播销售还可能涉及《中华人民共和国刑法》《中华人民共和国药品管理法》《中华人民共和国治安管理处罚法》等。

步骤 2：解析直播营销涉及的法律风险

为加强网络直播营销活动监管，保护消费者合法权益，促进直播营销新业态健康发展，国家市场监督管理总局出台《市场监管总局关于加强网络直播营销活动监管的指导意见》，要求依法查处网络直播营销活动中侵犯消费者合法权益、侵犯知识产权、破坏市场秩序等违法行为。

（1）电子商务违法行为。

直播营销平台存在擅自删除消费者评价、对平台内经营者侵害消费者合法权益行为未采取必要措施、未尽到资质资格审核义务、对消费者未尽到安全保障义务等违法行为。

（2）侵犯消费者合法权益违法行为。

直播营销商家对消费者依法提出的修理、重作、更换、退货、补足商品数量、退还货款和服务费用或者赔偿损失的要求，故意拖延或者无理拒绝等违法行为。

（3）不正当竞争违法行为。

直播营销商家实施虚假或者引人误解的商业宣传、帮助其他经营者进行虚假或者引人误解的商业宣传、仿冒混淆、商业诋毁和违法有奖销售等违法行为。

（4）产品质量违法行为。

直播营销商家在产品中掺杂掺假、以假充真、以次充好、以不合格产品冒充合格产品、伪造产品的产地和伪造或冒用他人厂名厂址等违法行为。

（5）侵犯知识产权违法行为。

直播营销商家存在侵犯注册商标专用权、假冒专利等违法行为。

（6）食品安全违法行为。

直播营销商家存在无经营资质销售食品、销售不符合食品安全标准的食品、销售标注虚假生产日期或超过保质期的食品等违法行为。

（7）广告违法行为。

直播营销商家发布虚假广告、发布违背社会良好风尚的违法广告和违规广告代言等违法行为。

（8）价格违法行为。

直播营销商家存在哄抬价格、利用虚假的或者使人误解的价格手段诱骗消费者进行交易等违法行为。

活动实践

请同学们以自主学习及小组合作探究的方式帮助小夏完成以下活动，并将结果填写在相应的表格中。

（1）了解直播销售涉及的法律法规。

根据"职场情境"提供的有关资料，请帮助小夏搜集和此次直播事件相关的法律法规，并填入表 1-16 中。

表 1-16　涉及的法律法规

相关法律法规	（1）
	（2）
	（3）
	……

（2）解析直播销售涉及的法律风险。

请帮助小夏解析此次直播销售涉及的法律风险，将结果填在表 1-17 中。

表 1-17 涉及的法律风险

相关法律风险	（1）
	（2）
	（3）
	……

👤 活动 2 梳理直播营销平台规则

小夏在对直播销售的相关法律有所了解后,接下来需要了解直播营销平台的规则。作为直播销售人员,小夏认为自己首先需要清楚直播营销平台规则的发布途径及内容,其次需要分析直播营销平台的违规行为及处理措施,避免违规行为的发生。

活动步骤

步骤 1:初识直播营销平台规则

直播营销平台在快速发展的初期,也存在恶性竞争、管理无序等问题,为此,众多直播营销平台发布了各自的平台规则。

1. 直播营销平台规则的发布途径

一般直播营销平台会通过用户服务协议、《××平台管理规则》等途径公布平台规则。目前,直播行业发展迅速,法律法规正逐步完善,平台规则处于多变期。直播销售人员如果不及时了解平台规则以及其变更条款,很可能会影响正常的营销活动,严重的可能会影响职业生涯(如被列入失信"黑名单")。如抖音平台的《抖音用户服务协议》明确规定了用户的内容规范、行为规范;淘宝直播平台的《淘宝平台管理规则》,明确列出了违规处理一览表等。

2. 直播营销平台规则的内容

直播营销平台规则内容一般包括商家管理、行业市场、营销推广、交易管理、违规处理等模块。

通常商家管理规则包括商品管理、资金结算、招商入驻等规则;行业市场规则包括不同品类的直播管理规范以及特色市场规范等;营销推广规则包括基础营销规范、活动专区规则、特色营销规则等;交易管理规则包括物流规范、服务保障、评价规范等;违规处理规则包括交互风险信息管理规则、市场管理与违规处理规范、违禁信息管理规则等。

不同的直播营销平台,其规则会有所不同,直播销售人员需要进入不同直播营销平台的官方学习中心查看具体规则。

步骤2：分析直播营销平台的违规行为

1. 直播营销平台的违规行为

常见的违规行为包括违背服务承诺、违规发布商品、商品质量不合格、扰乱市场秩序等。

（1）违背服务承诺。

违背服务承诺是指商家未按平台规定或约定向消费者提供承诺的服务，包括违规发货、售后超时、拒绝开票等。

（2）违规发布商品。

违规发布商品是指商家向消费者展示商品信息的场景中，所发布的商品存在明示或暗示的商品描述违规行为，如虚假宣传、发布混淆信息、发布违禁商品等。

（3）商品质量不合格。

商品质量不合格是指商品品质不符合国家标准、行业标准及平台相关管理要求等。通常商品质量不合格包括商品标识标志不合格、商品感官质量不合格、材质成分不符合要求等。

（4）扰乱市场秩序。

扰乱市场秩序即商家扰乱和破坏公平竞争、平等交易的市场秩序，侵害其他商家权益或对平台造成不良影响，包括未按平台规则提交资质材料、虚假交易、骚扰他人等。

2. 直播营销平台的违规处理措施

平台对违规行为进行积分管理，当积分达到节点时，平台将对商家进行节点处理。一般违规积分（A类）每累计12分，将对商家进行节点处理，即扣除违约金；严重违规积分（B类）每累计4分、8分，将对商家进行节点处理（停业整顿和扣除违约金），累计满12分进行清退，并扣除全部应缴保证金，具体判定细则可参考直播营销平台的规则中心的《商家违规行为积分实施细则》，如表1-18所示。

直播营销平台根据违规行为的严重程度，采取包括但不限于以下处理措施：公示警告、扣除违约金、限制店铺权限、扣除违规所得货款、清退店铺、处理关联店铺/账号、违规积分管理。若商家多次违规后拒不整改、多条并犯，或对平台造成恶劣影响，平台有权加重处理。具体的处理措施如下。

表1-18 违规积分管理

违规积分类型	累计分值	节点处理	
		限权措施	扣除违约金
一般违规积分（A类）	12分	—	2 000元
	24分起，每累计12分	停业整顿3天	2 000元

违规积分类型	累计分值	节点处理	
		限权措施	扣除违约金
严重违规积分（B类）	4分	停业整顿3天	2 000元
	8分	停业整顿7天	5 000元
	12分	清退	全部应缴保证金

（1）公示警告：在平台的消息中心、规则中心等页面，对商家的不当行为进行提醒，或对被执行的处理进行公示。

（2）扣除违约金：根据店铺的违规严重程度，从商家的保证金账户中扣除一定金额的保证金。

（3）限制店铺权限：对店铺功能在一定期限内限制，包括但不限于限制商品上新、限制参与营销活动、搜索降权、搜索屏蔽、限制货款提现、订单限制、停业整顿等。

（4）扣除违规所得货款：扣除商家违规行为产生的货款。

（5）清退店铺：扣除全部保证金，解除协议，永不合作。

（6）处理关联店铺/账号：平台有权视违规店铺的违规严重程度，对违规店铺的关联店铺/账号做出处理。

（7）违规积分管理：平台对违规行为进行积分管理，当积分达到节点时，平台将对商家进行节点处理。

直播销售人员应当遵守平台规则和相关法律法规，进行合法合规的直播营销活动，保护消费者的权益，维护行业的健康发展。同时，消费者也应该保持警惕，对于可疑的直播行为进行辨别和举报，共同维护直播营销平台的正常秩序和良好环境。

活动实践

请同学们以自主学习及小组合作探究的方式帮助小夏完成以下活动，并将结果填写在相应的表格中。

（1）初识直播营销平台规则。

根据"职场情境"提供的有关资料，请帮助小夏搜集和此次直播事件相关的平台规则，并填入表1-19中。

表 1-19　直播营销平台规则

选择的直播营销平台	
直播营销平台规则的发布途径	
直播营销平台规则内容	

（2）分析直播营销平台的违规行为。

请帮助小夏对此次违反直播营销平台规则的行为归类，并整理出违规处理措施，将结果填在表 1-20 中。

表 1-20　分析违反直播营销平台规则的行为及处理措施

违规行为	处理措施

【任务拓展】

多名消费者向南宁市市场监管局投诉称，2022 年 11 月 11 日凌晨，通过某直播间购买某公司销售的 24 小时定制无瑕粉底液，直播中主播承诺购买该产品会赠送价值 400 元的底妆刷，但收到的是价值 9.9 元的普通粉刷，认为与承诺不符。

请基于上述的背景情况，分析案例中直播间的行为违反了什么法律，涉及的法律风险都有哪些，并将具体内容填入表 1-21 中。

表 1-21　涉及的法律法规及其法律风险

项目	具体说明
涉及的法律法规	
法律风险	

【任务评价】

根据实践活动过程及实践活动结果，进行学生自评、学生互评与教师点评。

考核内容	具体要求	评价		
		学生自评	学生互评	教师点评
知识掌握	熟悉直播销售相关法律法规、法律风险，了解直播营销平台的规则			
技能要求	能够结合案例分析直播营销平台存在的违法行为、违规行为，并提出具体的处理措施			

✖ 岗课赛证

竞赛直达

直播销售模块评分标准

知识点：（1）直播销售规范。

（2）直播互动类型。

（3）直播促单方法。

技能点：（1）直播脚本策划。

（2）直播商品讲解。

（3）直播互动及节奏把控。

评分细则：互动活动信息及购买页信息设置正确（2分）；购买页商品标题设置合理（1分）；直播开场预热要素完整（1分）；商品引入话术讲解合理，商品属性及卖点讲解准确（5分）；直播互动讲解准确，弹幕回复准确，直播互动氛围良好（3分）；直播促单具有吸引力（1分）；直播结构讲解要素完整（1分）；直播过程中商品上架及时（0.5分）；直播达到规定时长（0.5分）；仪态大方得体（1分）；语言流畅、逻辑清晰（2分）；直播活动策划有创新性（2分）；直播画面呈现效果良好（2分）。

项目二

直播销售前期准备

项目概述

　　党的二十大报告中提出:"加强全媒体传播体系建设,塑造主流舆论新格局。健全网络综合治理体系,推动形成良好网络生态。"直播销售作为一种新型的电商模式,展现了巨大的发展潜力。随着电子商务的发展,直播销售变得越来越重要。通过实时互动、更加直接的交流方式以及更好的产品展示能力,直播销售成为越来越多品牌的主流营销手段。通过直播销售,品牌和商家可以与消费者更紧密地联系起来,为消费者提供更好的购物体验。

　　直播销售前的准备阶段十分重要,关乎直播的效果。在开展直播销售前,需要进行一系列的准备工作,包括直播团队的组建、直播销售主播选择、直播销售场景搭建以及直播销售选品准备等。只有全面掌握直播销售的方法与技巧,把党的二十大报告的精神融入企业发展中去,抓住时代赋予企业的发展机遇,企业才能在激烈的市场竞争中获得更大的优势。

学习目标

知识目标

1．认识不同层级直播团队的结构。

2．了解直播团队的组建方式及流程。

3．了解选择主播的渠道及选择主播时需考虑的因素。

4．了解直播场地以及直播间布局、背景、灯光、设备。

5．知晓直播商品的来源渠道。

6．了解选品原则及测品方法。

技能目标

1．能够根据直播团队的结构，准确梳理出直播团队人员的职能分工及直播团队的组建流程。

2．能够根据直播要求，选择合适的主播，并对主播进行专业培训。

3．能够根据要求，搭建直播销售场景。

4．能够针对不同商品，对市场需求进行分析。

5．能够结合案例，规划选品搭配策略。

6．能够结合案例梳理测品流程。

素养目标

1．具备全媒体理念，为社会主义精神文明建设提供不竭动力。

2．具备正向价值观，并能在直播过程中做好表率。

3．具备团队合作意识，能够合理分工以完成直播销售的前期准备工作。

项目实施流程

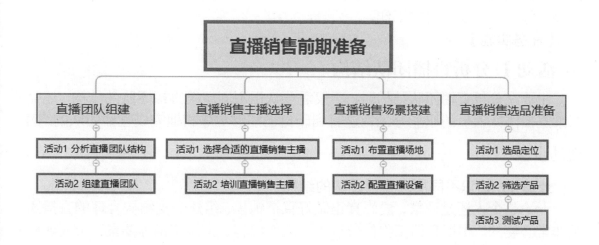

项目实施准备 ∼∼∼∼∼∼∼∼∼∼∼∼∼∼∼∼∼∼∼∼∼

直播销售前期准备的项目实施准备清单如表 2-1 所示。

表 2-1　直播销售前期准备的项目实施准备清单

项目	具体内容	用处
设备	良好的网络环境、正常且稳定的多媒体设备	教学演示、自主学习、合作探究
资料	直播销售前期准备相关的教材、课件、微课等学习资料	学生自主学习
案例	有关直播销售前期准备的实际案例、视频等	教师案例展示
人员安排	2~3 人一组，通过网络搜索学习资料，并借助案例，开展活动	小组合作探究

任务一　直播团队组建

【职场情境】

"桂品味道"随着研发的品类增多，直播销售业务不断扩大，有了一定的用户基础，取得了不错的营销效果。经公司内部组织商议后，决定扩充直播销售队伍，组建一支专业的直播团队，确保直播工作专业化、有序化。为了锻炼小夏的组织协调能力以及团队建设能力，陈经理安排小夏尝试组建直播团队。

【任务分析】

小夏深知直播销售是一项十分复杂的活动，涉及多个岗位人员，如果没有做好充足的准备工作，没有搭建好合理的直播团队，直播销售目标就很难达到，甚至直播销售无法顺利进行。因此，小夏决定先学习直播团队组建的相关知识，以便更好地完成陈经理分配给她的工作。

【任务实施】

👤 活动1　分析直播团队结构

小夏在分析直播团队结构时，不仅需要认识不同层级直播团队的结构，还需要探索直播团队人员的职能分工，这有利于自己能够更顺利地完成直播团队的组建。

活动步骤 ∼∼∼∼∼∼∼∼∼∼∼∼∼∼∼∼∼∼∼∼∼

步骤 1：认识不同层级直播团队的结构

无论是个人还是商家，要想真正做好直播销售，组建一支结构合理的直播团队是非常必要的。根据直播工作岗位设置、工作内容、工作流程等要素，个人或商家可以组建不同层级的直播团队，具体可以分为基础版、进阶版、成熟版。

1. 基础版直播团队的结构

企业或商家选择直播销售，一般会按一场直播的完整流程所需要的岗位组建基础版直播团队，图2-1所示为基础版直播团队结构。

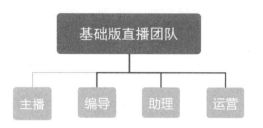

图2-1　基础版直播团队结构

基础版直播团队适合刚接触直播的商家，具备基础的直播能力，这种团队配置的人数基本为4~5人。

2. 进阶版直播团队的结构

当直播间拥有一定用户基础之后，直播团队可以根据业务需求、团队人员实际情况等因素，适当增加团队人员的数量和岗位，以便优化直播销售的效果。此时的直播团队为进阶版直播团队，图2-2所示为进阶版直播团队结构。

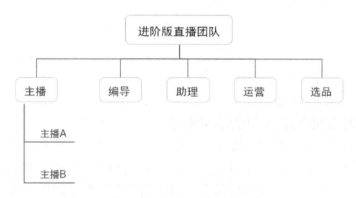

图2-2　进阶版直播团队结构

进阶版直播团队适合直播销售时间较长，有更多直播诉求，用户基础牢靠，且具备一定的转化能力和销售能力的直播团队。

进阶版直播团队新增了一名主播，共计两名主播；新增了选品岗，工作包括与品牌合作洽谈、选择直播间商品，以及与商务合作和商品相关的其他工作。选品岗对直播销售来说非常重要，通常粉丝在直播间购买主播推荐的商品，会经历从"好奇"到"信任"再到"信赖"的过程。而这个过程，需要在选品人员的支持下才能顺利完成。

3. 成熟版直播团队的结构

直播运营一段时间，有了一定的用户基础及营销效果后，直播团队可以再次细分，并增加人员，建立更加专业、更加全面的团队。此时的团队即成熟版直播团队，其结构如图2-3所示。

成熟版直播团队适合有长期直播经验，粉丝沉淀效果较好，直播间流量较大，且具备稳定的转化能力的直播团队。相对于进阶版直播团队，成熟版直播团队划分成了不同的部门，并进一步细化了岗位分工。新增的场控岗和客服岗分担了助理的部分工作。直播团队通过更详细的分工，能够确保直播销售有序进行。

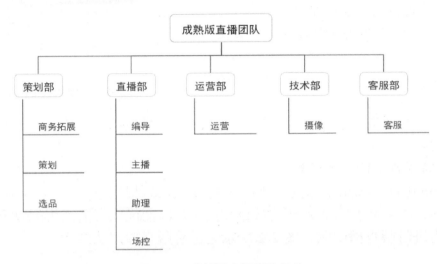

图 2-3　成熟版直播团队结构

组建高效的直播团队需要根据岗位配置合理的人员。组建直播团队是一个循序渐进的过程，直播团队的人员配置也是非常灵活的，可根据个人或企业的业务发展需求和预算来进行合理规划。

步骤 2：探索直播团队人员的职能分工

在确定直播团队的结构后，接下来就需要进行明确的职能分工。一支优秀的直播团队，必然离不开团队人员在各自岗位上各司其职。直播团队涉及很多职能，比如策划、执行、数据分析、客户服务等。不同职能需要不同的岗位人员，因此应该根据职能安排人员，让每个人都能够发挥自己的专长，这样不仅能提升效率，还能让直播更加顺畅。不同层级的直播团队在人员的职能分工方面有所不同，具体如下。

1. 基础版直播团队职能分工

表 2-2 所示为基础版直播团队职能分工。

表 2-2　基础版直播团队职能分工

岗位	职能分工
主播	熟悉商品、熟悉直播话术、介绍直播间促销活动、介绍及展示直播间商品、为用户答疑、活跃直播间氛围、对直播内容进行复盘总结等
编导	研究竞品、策划主播人设、策划商品介绍节奏、策划及撰写直播话术、直播前沟通和预演、监测直播效果、对直播内容进行复盘总结等
助理	上架及下架商品、调试直播设备、引导直播间用户关注、配合主播、提醒主播、传递样品等
运营	选品、定价、制定促销方式、运营直播平台活动、研究直播平台运营规则、策划直播间的促销活动、撰写商品文案、对直播内容进行复盘总结等

2. 进阶版直播团队职能分工

表2-3所示为进阶版直播团队职能分工。

表2-3　进阶版直播团队职能分工

岗位	职能分工
主播	熟悉商品、熟悉直播话术、介绍直播间促销活动、介绍及展示直播间商品、为用户答疑、活跃直播间氛围、对直播内容进行复盘总结等
编导	研究竞品、策划主播人设、策划商品介绍节奏、策划及撰写直播话术、直播前沟通和预演、监测直播效果、对直播内容进行复盘总结等
助理	上架及下架商品、调试直播设备、引导直播间用户关注、配合主播、提醒主播、传递样品等
运营	运营直播平台活动、研究直播平台运营规则、策划直播间的促销活动、撰写商品文案、对直播内容进行复盘总结等
选品	了解用户需求、招募品牌商和供应商、选择商品、开展价格谈判、维护与供货商的关系、协助处理售后事务等

3. 成熟版直播团队职能分工

表2-4所示为成熟版直播团队职能分工。

表2-4　成熟版直播团队职能分工

岗位	职能分工
商务拓展	与合作伙伴进行商务洽谈、寻找新的合作机会、拓展销售渠道
主播	熟悉商品、熟悉直播话术、介绍直播间促销活动、介绍及展示直播间商品、为用户答疑、活跃直播间氛围、对直播内容进行复盘总结
编导	研究竞品、策划主播人设、策划商品介绍节奏、策划及撰写直播话术、直播前沟通和预演、监测直播效果、对直播内容进行复盘总结等
助理	引导直播间用户关注、配合主播、提醒主播、传递样品等
运营	制定促销方式、运营直播平台活动、研究直播平台运营规则、策划直播间的促销运营活动、撰写商品文案、对直播内容进行复盘总结等
选品	了解用户需求、招募品牌商和供应商、选择商品、开展价格谈判、维护与供货商的关系、协助处理售后事务等
场控	调试直播设备、上架及下架商品、监测直播数据、传递临时信息、提醒主播注意事项等
客服	在直播间内回答商品相关咨询、商品的售后服务、商品的物流沟通等
策划	制订直播销售的品牌策略和推广计划等
摄像	负责直播的拍摄工作

活动实践

请同学们以自主学习及合作探究的方式帮助小夏完成以下活动，并将结果填写在相应的表格中。

（1）认识不同层级直播团队的结构。

根据"职场情境"的内容，请尝试帮助小夏选择直播团队结构，并给出选择原因。

☐ 基础版直播团队
☐ 进阶版直播团队
☐ 成熟版直播团队

选择原因：
_____
_____
_____
_____

（2）探索直播团队人员的职能分工。

请根据上一步选择的直播团队类型，帮助小夏进行直播团队人员的职能分工，并填写在表 2-5 中。

表 2-5　直播团队人员的职能分工表

岗位	人数	职能分工

活动 2　组建直播团队

小夏在对直播团队结构有了一定的认识后，接下来就要组建直播团队。小夏觉得想要组建一支优质的直播团队，需要了解直播团队的组建方式以及直播团队组建的具体流程。

活动步骤

步骤 1：了解直播团队的组建方式

直播团队的组建一般分为三种形式：自建直播团队、与主播合作、直播代运营。

1．自建直播团队

如果是货源方，且有自己的供应链，建议自建直播团队。自建直播团队有可控性强、风险低的优势，其选择的主播最好具备自主学习能力，且能不断优化直播效果和提升自身能力。自建直播团队需进行合适的关键绩效指标考核，有奖有惩，让主播感觉到付出和收入成正比，以保持主播的低流失率。

2. 与主播合作

与主播合作是目前相对常见的形式。商家通过多频道网络（Multi-Channel Network，MCN）机构选择主播，或直接找个人主播进行合作。与主播合作的方式具有方便、节省直播团队搭建成本、见效快等优势。当然劣势也非常明显的，比如转化效果不稳定等。目前市场上与主播合作有三种模式。

（1）专场直播模式。

专场直播模式指的是主播为合作商家进行专场直播，直播期间只销售合作商家的商品。

（2）"坑位费+佣金"模式。

"坑位费+佣金"模式是一种十分常见的直播销售合作模式。"坑位费"即主播收取的费用，佣金按照销售额比例确定。拥有一定粉丝量和销售量的腰部主播通常会采用这种合作模式。

（3）纯佣金模式。

纯佣金模式，是指直播前商家不支付费用，直播后商家按照实际成交金额的一定比例（也就是一般所说的佣金比例）支付给主播费用。

3. 直播代运营

直播代运营是指由第三方机构或个人负责为客户进行直播推广和管理的模式。代运营公司或个人负责管理和运营直播平台账号，并负责直播销售的各个环节，包括策划、准备、执行和管理等。这种模式具有服务专业化、节省时间和精力等优势，但同与主播合作模式相比，具有可控性差、数据可靠性不高等劣势。如果商家或个人想要采用这种模式，建议尽量找业内口碑好且优质的代运营方。

步骤2：梳理直播团队的组建流程

直播团队的组建流程如下。

1. 明确目标

组建团队需要有明确的目标，需要知道企业需要什么样的人才，以及每一个岗位需要多少人等。明确团队组建目标，会更清楚直播销售的方向。

2. 分析人才条件

分析当下团队的成员构成，设计具体的招募人员标准和策略。组建团队时还需要根据具体的现状来分析，为企业找到适合的人。

3. 招募人员

组建团队的前提是有人才，企业可以开展各类招聘活动，如组织校园招聘会、组织内部专门的招聘，还可以开展线上招募活动等。

4. 面试培训

对招募的人员要进行面试，筛选出适合的人才。而且要对其进行专业化的培训和指导，将各类人才培养成为企业需要的人员，这样才能组建高效的团队。

活动实践

请同学们以自主学习及合作探究的方式帮助小夏完成以下活动，并将结果填写在相应的横线上、方框中。

（1）了解直播团队的组建方式。

根据任务情境设置的内容，请尝试帮助小夏选择直播团队的组建方式，并给出选择原因。

	选择原因：
☐自建直播团队 ☐与主播合作 ☐直播代运营	＿＿＿＿＿＿＿＿＿＿ ＿＿＿＿＿＿＿＿＿＿ ＿＿＿＿＿＿＿＿＿＿ ＿＿＿＿＿＿＿＿＿＿

（2）梳理直播团队的组建流程。

根据上一步选择的组建方式，请帮助小夏整理出直播团队的组建流程，并将其填在下方方框中。

直播团队的组建流程

【任务拓展】

小黄是某校电子商务专业学生，在校期间，他积极参与直播工作，与同学一起在学院双创孵化园注册公司，组建黄雀电商直播团队，目前成员已达 25 人。请基于上述的背景情况，帮助小黄选择合适的直播团队结构，并梳理直播团队组建流程，并将整理的结果填写在下列空白处。

选择的直播团队结构：＿＿＿＿＿＿＿＿＿＿＿＿＿＿＿＿＿

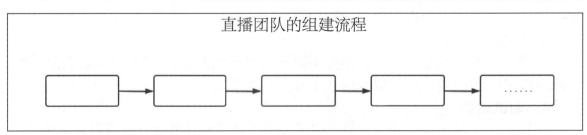

直播团队的组建流程

【任务评价】

根据实践活动过程及实践活动结果，进行学生自评、学生互评与教师点评。

考核内容	具体要求	评价		
		学生自评	学生互评	教师点评
知识掌握	能够阐述不同层级直播团队的结构以及直播团队人员的职能分工			
技能要求	能够结合案例选择合适的直播团队的组建方式，并梳理直播团队的组建流程			

任务二　直播销售主播选择

【职场情境】

小夏在组建好直播团队后，陈经理要求小夏整理出直播销售主播的招聘需求及岗位条件等资料，然后交给人力资源部，以便人力资源部发布招聘公告。

【任务分析】

小夏虽然对主播岗位有所了解，但是对如何选择直播销售主播缺乏系统的认识。为了能够招聘到适合公司和团队的主播，她决定针对选择直播销售主播的相关知识进行具体学习。

【任务实施】

👤 活动 1　选择合适的直播销售主播

小夏在整理出直播销售主播的招聘需求及岗位条件等资料之前，需要先了解选择主播的渠道有哪些，然后对选择主播时需考虑的因素进行分析。

活动步骤

步骤 1：了解选择主播的渠道

常见的主播选择渠道有以下几类：内部培养、外部招聘、机构合作。

1. 内部培养

内部培养就是企业制定岗位调整措施，进行主播的内部培养，如可以将客服、前台、销售等岗位转为主播岗位。例如东方甄选直播间的主播，大部分都是从原来的教师团队中选拔出来的，教师具有知识储备丰富、表达有感染力、多才多艺等特点，之前的名师培养经验也可以很好地迁移到主播团队的培育建设上。这种选择渠道稳定性较高，选择出来的主播对企业的认同感和归属感较强。

2. 外部招聘

外部招聘是指在各大招聘网站发布岗位需求，通过人事体系进行社会招聘，选用有经验的成熟主播或者想要从事主播工作的新人。这种选择渠道具有成熟、即聘即用等优点。

3. 机构合作

企业与各类主播培训机构合作，选择经过培训并且适配企业的主播。这种选择渠道具有选择多、随用随聘的特点，缺点是主播薪资要求高、不稳定。

随着直播模式的成熟，已有越来越多的主播选择渠道应运而生，企业可以根据实际情况选择合适的渠道。

步骤 2：分析选择主播时需考虑的因素

在直播销售的整个流程中，主播十分重要，他们不仅是直播销售的宣传者，更是激发观众购买欲望的推手。因此，选择主播至关重要，以下是选择主播时需要考虑的一些因素。

1. 产品匹配度

这里的产品匹配度主要是指主播与所销售的产品之间的适配程度，只有产品和主播的风格匹配，才能吸引到更多的观众。除此之外，主播必须了解自己直播的产品，包括产品的特点和优劣势，才能更好地向观众介绍产品。如果主播对自己直播的产品不熟悉，观众就会怀疑主播的专业度，直播效果也会大打折扣。

2. 声音和形象

直播销售中，主播的声音和形象是非常重要的。主播的声音应该具有亲和力和吸引力，能够让观众愿意听他们说话。同时，主播的形象也要具有亲和力，让观众愿意看他们的直播。在选择主播时，主播的声音和形象必须符合产品的风格和定位，这样才能更好地向观众传达产品的特点和价值。

3. 直播经验

主播的直播经验也是很重要的。经验丰富的主播可以更好地掌控整个直播的节奏，以及处理好突发事件。他们知道如何把握时机，如何与观众互动，如何解决观众的问题和打消他们的疑虑，从而增强观众的信任感，提高直播间的转化率。经验丰富的主播也能够更好地应对突发情况，比如在直播过程中出现网络延迟问题或其他技术问题时，他们能够迅速应对，保证直播顺利进行。

4. 专业背景

在直播销售中，一些专业能力强、学识渊博的主播备受青睐。由于直播销售行业的发展速度非常快，不同行业的产品不断涌现，因此一些具有专业知识的主播能够更好地把握产品特点和市场需求，为观众提供更专业的产品解说和推荐，从而优化直播效果和提高转化率。

活动实践

请同学们以自主学习及小组合作探究的方式帮助小夏完成以下活动，并将结果填写或整理在相应的横线上、方框中。

（1）了解选择主播的渠道。

请根据"职场情境"的背景，帮助小夏分析与筛选选择主播的渠道，将选择结果呈现在下方方框中，并将选择原因填在下方横线上。

<table>
<tr><td>□内部培养
□外部招聘
□机构合作</td></tr>
</table>

选择原因：
_____
_____
_____
_____

（2）分析选择主播时需考虑的因素。

请帮助小夏分析选择主播时需考虑的因素，并列出主播招聘需求及岗位条件，并将其呈现在下方方框中。

<table>
<tr><td>主播招聘需求及岗位条件

</td></tr>
</table>

👤 活动2　培训直播销售主播

小夏在制定主播招聘需求及岗位条件后，人力资源部发布招聘公告。经过对应聘主播岗位的人员进行专业能力的面试后，公司领导选择了几个比较符合要求的主播。经公司决定，由小夏负责对新进的主播展开为期一周的培训。虽然小夏接触过主播相关工作，但是对主播的专业培训缺乏系统的认识，所以还需对培训主播的专业知识展开系统学习。

活动步骤

步骤1：认识优秀主播具有的特点

主播对直播销售的结果起着决定性的作用。优秀主播自带流量，具备相当大的销售潜力。优秀主播往往在价值观、语言、专业知识等方面有独特之处，因而能得到用户的喜爱和支持。

（1）有正向的价值观。

主播在某种程度上可以被看作"公众人物"，其一言一行都会被很多人关注。为了避免负面的引导，主播在直播时要积极宣传正向的价值观。其实，秉持正向价值观的主播更容易获得支持。一方面，主播对一些热点事件的点评或个人经历的分享，符合正向价值观，相较于哗众取宠的偏激观点，更能体现主播的社会责任感，获得用户的好感；另一方面，主播拥有正向的价值观，会让用户相信主播及其团队是有责任心的，他们会推荐真正好的商品。

（2）幽默风趣的语言。

幽默风趣的语言，有助于提升主播的个人魅力，也有助于调节直播间的气氛。在幽默风趣的氛围中，即使是毫不相识的用户，也愿意交流彼此的看法。

（3）讲解专业且贴合现实。

首先，主播的讲解应该具备专业性。无论主播讲解的是哪个领域的产品或服务，他们都应该对相关领域有一定的了解，包括对产品的功能、特点、使用方法等方面的了解，以及对行业趋势、市场动态等方面的关注和研究。只有具备专业知识，主播才能够提供准确、全面的讲解，塑造可信赖和专业的形象。

其次，主播的讲解需要贴合现实情况。现实情况指的是产品或服务在实际应用中的表现和效果。主播应该能够将产品的功能和特点与实际场景相结合，可以通过产品演示、案例分享、亲自体验等方式，向观众展示产品在现实生活中的应用和优势。贴合现实情况的讲解不仅能够增强观众的信任感，还能够让观众更好地理解和评估产品的价值。

主播只有充分了解商品，在直播中全面介绍商品的主要特点，才可能真正得到直播间观众的信任。此外，主播要尽可能地提升自己对商品所属行业的认知。例如，对于美妆类商品，主播要精通商品成分、护肤知识、化妆技巧、彩妆搭配等；对于服装类商品，主播要钻研衣服的材质、风格、时尚流行、穿搭技巧等。

步骤2：梳理培训主播的要点

培训主播应建立在其具备基本职业素养的基础上（可以参考项目一的任务三），除此之外，培训主播还包括以下几个方面。

1. 直播礼仪培训

主播作为企业的代表，需要树立良好的品牌形象。因此，主播需要具备良好的直播礼仪及个人形象。对主播进行直播礼仪培训，涉及形象设计、形象塑造、形象维护等方面。通过培训，主播可以根据企业的品牌文化和要求进行自身形象设计和塑造，从而塑造自己的专业形象和提高品牌认同度。直播礼仪培训需要注意以下几个方面。

（1）着装。

着装能展示主播风采，需干净整洁、自然大方。主播应避免穿着与背景颜色相近的服装，若佩戴帽子、围巾等饰品不得遮挡脸部。

（2）妆发。

妆发应自然，可重点打造眉毛和眼睛部分的妆容，显得精神饱满。睫毛不宜过密过长，腮红不宜过浓，否则容易显得不自然。

（3）肢体语言与表情神态。

在展示商品时，主播往往需要辅以丰富的肢体语言与表情神态。因此，在直播过程中，主播要时刻保持微笑、态度诚恳，不左顾右盼，不做与直播无关的事情。

2. 直播技能培训

（1）销售技巧培训。

主播作为直播销售的主要执行者，需要具备一定的销售技巧。例如，如何与观众进行有效的沟通和互动，如何激发观众的购买欲望，如何处理观众的疑问和异议等。主播销售技巧培训可以从销售技巧的理论知识和实际操作技巧两方面来开展。通过培训，主播可以学习到各种直播销售技巧，并在实践中不断提升。

（2）直播技术培训。

主播需要熟悉直播平台的操作，包括直播设备的使用、直播软件的操作、画面切换和特效的应用等。因此，对主播直播技术的培训可以从直播技术的理论知识和实际操作技巧，以及处理直播中可能出现的问题和突发情况等方面开展。通过培训，主播可以提高直播的质量和优化直播的效果，提高观众的参与度。

（3）沟通能力培训。

主播应具备良好的沟通能力，能够与观众进行有效交流和互动。因此，对主播沟通能力的培训可从口才训练、表达能力的提升、情绪管理和观众心理的分析等方面开展。通过培训，主播可以提高自己的沟通能力，更好地与观众建立联系，增加观众的信任度和忠诚度。

（4）产品知识培训。

主播还需要对所销售的产品深入了解和掌握，包括产品的特点、功能、使用方法等。所以，对主播产品知识方面培训就需要从产品相关知识，以及与产品相关的行业知识、行业趋势开展。主播通过对产品的深入了解，可以更好地向观众展示产品的优势和特点，激发观众的购买欲望。

3. 服务意识培训

（1）团队合作培训。

作为直播团队中的一员，主播需要与其他团队成员紧密合作，这样才能有效地完成一场直播销售活动。团队合作培训可以从以下几方面开展：团队合作的原则和技巧，如何与其他团队成员进行有效的协作和沟通，如何解决团队合作中可能出现的问题和冲突等。通过培训，主播可以更好地融入团队，提高团队的整体协作效率。

（2）创新能力培训。

主播需要具备一定的创新能力，能够通过创新的方式吸引更多观众的注意力。对主播进行创新能力的培训可以从创新思维的培养、创意的产生和应用等方面展开。通过培训，主播可以提高自己的创新能力，不断创造新的直播内容和形式，吸引更多的观众参与互动。

活动实践

请同学们以自主学习及小组合作探究的方式帮助小夏完成以下活动，并将结果填写或整理在相应的横线上、表格中。

（1）认识优秀主播具有的特点。

请根据表 2-6 的情景描述，将对应的优秀主播所具有的特点填写在表 2-6 中。

表 2-6　优秀主播特点

情景描述	优秀主播具有的特点
某主播在推销一款口红时，不小心将口红涂到镜头上，整个直播画面瞬间变成一片红色。某主播顿时慌了神，但他机智地利用这个事件创造了更多笑点，将"红色惨案"转化为一场搞笑的"口红大爆炸"事件	
某主播在介绍产品价格时，会先给出产品的原价，随后再加上全部赠送品的价格，随后得出用户在直播间提交订单的价格，给用户计算出与原价相比等同于享受了多少折扣	

（2）梳理培训主播的要点。

请帮助小夏梳理培训主播的要点，并制订主播培训计划，将其呈现在下方方框中。

【任务拓展】

某公司是一家以顾客为中心，以"让每个人尽享时尚的乐趣"为使命的时尚品牌零售公司。公司聚焦时尚，高度注重产品研发核心能力的提高。自成立之日起，公司始终致力于自主设计研发团队建设，目前拥有一支 1 000 多人的高素质、具备国际视野的研发团队。团队坚持以顾客为中心，以品牌风格为牵引，持续将流行的时尚元素融入产品创新，每年向市场推出 10 000 多款新品，高频上新，给顾客惊喜。在直播热潮的影响下，该公司也进驻了抖音平台，正式设立专门团队运营抖音小店。在开店初期，由于粉丝积累少，女装的转化能力欠佳，难以获得足够的流量，经过公司内部商议，决定招聘专业的主播进行直播销售，并制定主播培训方案。

请基于上述的背景情况，为该公司选择合适的主播，将主播应具备的特点填写在表 2-7 中。

表 2-7　主播应具备的特点

序号	主播所具备的特点
1	
2	
3	
4	

【任务评价】

根据实践活动过程及实践活动结果，进行学生自评、学生互评与教师点评。

考核内容	具体要求	评价		
		学生自评	学生互评	教师点评
知识掌握	能够列出选择主播的渠道，并阐述选择主播时需考虑的因素			
技能要求	能够结合案例，分析优秀主播具备的特点，并拟定主播培训方案			

任务三 直播销售场景搭建

【职场情境】

近年来，政府制定了多项推动农村电商发展的政策，通过中央财政资金引导带动社会资本共同参与农村电子商务工作。其中，特色农产品网络直播是解决"三农"问题的有效举措，直播销售模式能够让更多优质特色农产品通过网络渠道"走出去"，以此实现乡村经济增长与结构优化，助力乡村振兴。

为积极响应乡村振兴这一国家新政策、新方针，"桂品味道"准备启动新一轮的直播，实现广泛曝光，吸引并积累泛流量、不断沉淀优质种子用户，实现集中转化。公司决定由小夏所负责的直播团队开展此项工作，小夏在接到这项工作后，召集团队成员集思广益，经团队成员的头脑风暴，小夏整理了直播计划及人员分工表，然后开始紧锣密鼓地布局，其中首要工作就是搭建直播销售场景。

【任务分析】

小夏决定首先进行人员分工，安排一部分人员布置直播场地，另外一部分人员配置直播设备。

【任务实施】

活动1 布置直播场地

小夏在安排人员布置直播场地前，首先需要选择直播场地，再对直播间的布局、背景及灯光进行规划和布置。

活动步骤

步骤1：选择直播场地

直播场地一般可分为室内及室外直播场地。

1. 室内直播场地

常见的室内直播场地有办公室、会议室、直播室、工作室、线下门店、住所等。

图 2-4 所示为主播在工作室内直播，介绍珠宝玉器。图 2-5 所示为主播在线下门店直播，讲解家纺类商品。

图 2-4 在工作室直播   图 2-5 在线下门店直播

2. 室外直播场地

室外直播的场景非常丰富，包括乡野风光、垂钓、旅行等。常见的室外直播场地有商品室外产地（如田间地头、蔬果种植园、茶园）、室外打包场所、露天集市等，一般适合直播体积较大或规模较大的商品，或用于展示货源采购现场。例如，现场采摘农产品、在现场打包发货、在集市现场挑选海鲜等。图 2-6 所示为农产品现场采摘直播画面，这类直播可以带领用户近距离观看商品的采购、加工、包装、发货等过程，不仅能带给用户沉浸式体验，还能提升用户对商品的信任度。

图 2-6 农产品现场采摘直播画面

步骤 2：规划直播间布局

规划直播间布局就是将直播间划分为不同的功能区，一般包括直播区、商品摆放区及其他区域。规划原则是让主播和需要展示的商品出现在直播画面中，其他工作人员及不需要展示的商品不出现在画面中。

1. 直播区

直播区需要规划好主播活动区域、走动路线、镜头内商品的陈列等。

2. 商品摆放区

商品摆放区主要摆放直播的商品。根据直播需要,部分商品可以出现在直播镜头里,部分商品被有序摆放在镜头旁,且方便拿取。

3. 其他区域

其他区域主要包括直播间场控人员活动区域、灯光设备摆放区域。合理规划这些区域,有助于提升直播效率。

在直播过程中,可以根据实际的直播需求调整布局。

步骤3:布置直播间背景

用户进入直播间后,一眼就能看到直播间背景,进而产生对直播间的第一印象。因此为直播间布置背景,应保证背景的类型、风格与直播商品或主播的个人气质相契合。常见的直播间背景有以下几种类型。

1. 背景墙

直播间的背景墙建议以纯色为主,纯色背景墙可以给人以简洁、大方之感,即使在其中添加品牌商标或广告词等元素,也不会显得过于花哨,如图2-7所示。如果背景墙选用复杂的图案样式,反而容易给用户留下直播间非常杂乱的印象。如果是销售食品类、美妆类的直播间,或是目标用户为年轻用户的直播间,其背景墙可以使用较为明亮的色系。如果想要营造内敛、神秘的氛围,直播间可以使用黑色、深灰色的背景墙。打

图2-7　直播间背景墙

造背景墙并非必须使用复杂、昂贵的材料,如合适的贴纸或绒面的纯布料,也是不错的选择。

2. 实物道具

直播间的入镜物品宜精不宜多,有两三件显眼的物品起到突出背景的作用即可。同时,实物道具应尽可能与直播内容相关联,与直播主题相契合,如图2-8所示。比如书架、壁画、沙发等物品可作为直播间实物道具,这样的道具可以给人以亲切、自然之感。如果是销售服装类、日用品类的直播间,可以使用衣物陈列架或置物架作为直播间实物道具。

3. 绿幕

专业的直播团队会使用绿幕作为直播间背景,如图2-9所示。绿幕指的是用于拍摄特效镜头的绿色背景幕布。绿幕技术是影视剧拍摄中常用的技术,直播兴起后,这一技术被引入直播领域,便于直播团队更换直播间背景。绿幕直播又称为抠像直播、虚拟直播。需要注意的是,要确保幕布的面积足够大,可以覆盖直播镜头中的全部直播画面。如果是知识教学类的直播间,直播团队往往会将直播间背景设置为

教学课件；如果是营销类直播间，直播团队往往会将直播间的背景设置为品牌定制的虚拟背景。

图 2-8 直播间实物道具

图 2-9 直播间绿幕背景

步骤 4：布置直播间灯光

1. 直播间的灯光类型

按照灯光的作用，直播间的灯光可以分为主光、辅光、顶光和轮廓光等类型。不同类型的灯光设备摆放在不同的位置。编导可调整不同的亮度、色温等，从而营造出不同的光线效果，如图 2-10 所示。

图 2-10 直播间的灯光设备

（1）主光。

主光是直播间的基本光源，在直播过程中，主光通常由柔光箱发出，光线比较均匀，主要用于照亮拍摄对象（人或物品）的轮廓，并突出其主要特征。用主光进行拍摄时，拍摄器材通常位于主光正后方或者两侧的位置。直播间的主灯一般选择中性光的 LED 灯，LED 灯的功率一般根据直播间的大小而定。

（2）辅光。

辅光也被称为辅助光，其作用是照亮主光没有照射到的拍摄对象的阴影部分，使用户能够看清楚拍摄对象的全貌。辅灯通常放置在主灯两侧。使用辅光时，要注意避免光线太暗和太亮的情况，且光线不能强于主光，以免干扰主光正常的光线效果。照明环境下拍摄对象暗面与亮面的受光比例即光比，可以通过反复试验获得最佳光比。

在室内直播时，辅灯通常放置在拍摄对象正前方稍微侧面的位置。在室外直播时，则通常以太阳光作为主光。如果太阳光处于逆光位，则需要增加辅光来补充光线。例如，配合反光板的手机手电筒光就可以作为辅光。

（3）顶光。

顶光从主播头顶上方照射，顶灯距离主播一般不超过 2 米。顶光可以照亮背景和地面，同时有利于突出主播的轮廓，起到瘦脸的作用。

（4）轮廓光。

轮廓光又称侧逆光，通常用于分离人物与人物、人物与背景，以此增强直播画面的空间感。轮廓光通常为直射光，一般从主播的侧后方进行照射，突出主播清晰的轮廓。

2. 布置直播间灯光的方法

直播间的灯光布置要根据直播间的面积、直播的产品、直播的要求、主播的特点等来综合考虑。例如，面积比较小的个人工作室只需要主光和两个简单的辅光就可以了。而直播场地比较大、要求比较高的时候，则需要综合考虑使用主光、辅光、轮廓光等。另外，直播的产品不同，直播间的灯光布置也应该不同。在灯光布置的过程中，需要多次测试和调试，还可参考出售灯光设备的店面提供的建议布置图。

比如：销售服饰类和美妆类的直播间适合使用 5 700K 的冷光。因为 5 700K 的冷光比较接近自然光，可以减少服装和妆容在镜头前的色差，能够把衣服、化妆品等产品的真实状况清晰直观地展现给观众。

而销售美食类和家居类的直播间则适合使用 3000~4000K 的暖光，用暖光可以把食物衬托得更加美味；可以让家居、家纺类产品更有温度、有人情味，让观众感到温馨。

活动实践

请同学们以自主学习及小组合作探究的方式帮助小夏完成以下活动，并将结果填写在相应的横线上、方框中。

（1）选择直播场地。

请根据"职场情境"，帮助小夏选择直播场地，将选择结果呈现在下方方框中，并将选择原因填在下方横线上。

选择原因：

□室内场地
□室外场地

_____

_____

_____

（2）规划直播间布局。

请帮助小夏规划直播间布局，将直播间布局画在下方方框中。

（3）布置直播间背景。

请根据"职场情境"，帮助小夏选择直播间背景，将选择结果呈现在下方方框中，并将选择原因填在下方横线上。

□背景墙
□实物道具
□绿幕

选择原因：
_____
_____
_____
_____

（4）布置直播间灯光。

请帮助小夏布置直播间灯光，将直播间灯光布置方案呈现在下方方框中。

活动2 配置直播设备

小夏在完成直播场地的布置后，接下来需要配置直播设备，首先需要认识直播设备，然后对直播设备进行调试。

活动步骤

步骤1：认识直播设备

直播设备主要包括硬件设备、软件设备和辅助设备。

1. 硬件设备

（1）摄像设备。

摄像设备是直播中最重要的设备之一，它用于拍摄直播的画面。常见的摄像设备包括摄像机、手机、平板电脑和计算机摄像头，如图 2-11 所示。用摄像机拍摄出来的画面通常具有更高的画质和更好的拍摄效果，适合专业级的直播。而手机、平板电脑和计算机摄像头则更加便携和易于操作，适合个人和小型直播。

图 2-11　直播间的摄像设备

（2）音频设备。

音频设备包括话筒、声卡、无线耳机等。

① 话筒。

话筒是直播中用于录制声音的设备，它可以使观众听到主播的声音。常见的话筒包括有线话筒、无线话筒和嵌入式话筒，如图 2-12 所示。有线话筒可以稳定收录声音，且保证较好的音质，适合专业级的直播。无线话筒则更加便携和自由，适合个人和户外直播。嵌入式话筒是一种内置在设备中的话筒，如手机和计算机内置的话筒。

② 声卡。

声卡具有转换声音信号至手机的功能，可以通过音频接口与手机相连，将声音与画面进行同步，如图 2-13 所示。同时，还可以通过软件对声音进行调整，让主播的声音更清晰、更明亮。所以，使用声卡可以改善声音的质量，使声音更加流畅自然，优化用户听觉体验。

图 2-12　话筒类型

图 2-13　声卡

③ 无线耳机。

在直播过程中，无线耳机可以帮助主播实时获取声音效果。使用无线耳机不仅可以方便主播移动和操作，也可以减少有线耳机带来的额外困扰，使声音的质量更高。如图 2-14 所示为无线耳机。

（3）网络设备。

网络设备是进行直播的基础，它用于连接互联网和直播平台。常见的网络设备包括路由器、网络线和无线

图 2-14　无线耳机

网卡，如图 2-15 所示。路由器用于提供网络连接和分发网络信号，确保直播的稳定和流畅。网络线用于连接路由器和计算机或其他设备，提供可靠的网络连接。无线网卡则是一种无线网络适配器，可以在没有网络线的情况下使计算机连接到无线网络。

2. 软件设备

软件设备是进行直播的必备工具。常见的软件设备包括直播平台应用、直播软件和视频编辑软件。直播平台应用是具有直播功能的应用程序，如微信视频号、抖音直播等。直播软件用来实时编码和传输直播画面和声音，如 OBS、XSplit 等。视频编辑软件则用于对直播录像进行剪辑和后期处理，如 Adobe Premiere Pro、Final Cut Pro 等。

3. 辅助设备

除了上述设备外，还有一些辅助设备可以优化直播的效果和提升直播的便利性，如图 2-16 所示。例如，三脚架、云台用于固定摄像设备，稳定拍摄画面；移动设备支架可以固定手机或平板电脑；电池和移动电源可为设备提供电力支持等。

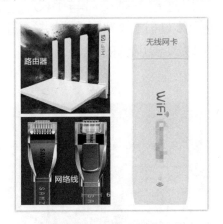

图 2-15　直播网络设备

图 2-16　辅助设备

步骤 2：调试直播设备

1. 调试摄像设备

（1）检查摄像设备连接。

首先，确保摄像设备正确连接到计算机或直播设备。如果是外部摄像设备，使用连接线将其与计算机或直播设备相连。如果是内置摄像设备，确保其在设备管理器中正常显示。

（2）调整摄像头角度和位置。

根据直播内容和场景需求，调整摄像头的角度和位置。确保摄像头能够捕捉到直播间想要展示的内容，并保持稳定。

（3）调整摄像设备参数。

摄像设备的设置界面，通常可以在计算机的设备管理器或直播软件中打开。在设置界面中，可以调整摄像设备的曝光、对焦、白平衡等参数，以获得最佳的画面质量。

（4）检查画面质量。

打开直播软件或应用程序，检查拍摄画面，如画面的清晰度、颜色准确性和稳定性。如果发现画面模糊、颜色失真、抖动等问题，可以尝试调整摄像设备的参数或更换摄像设备。

（5）测试摄像设备与直播软件兼容性。

在进行正式直播之前，进行一次直播测试，检查摄像设备与直播软件的兼容性，确保摄像设备能够正常工作并与直播软件完美配合。在直播测试中，可以关注画面质量、延迟时间和帧率等指标，以确保直播效果符合预期。

2. 调试音频设备

（1）检查音频设备连接。

使用连接线将音频设备与计算机或直播设备相连，确保话筒或其他音频设备正确连接到计算机或直播设备。

（2）调整话筒位置。

根据直播内容和场景需求，调整话筒的位置，确保话筒能够收录主播的声音，且没有周围环境的噪声。

（3）调整音频设备参数。

音频设备的设置界面，通常可以在计算机的声音设置或直播软件中打开。在设置界面中，可以调整话筒的音量、增益、消噪等参数，提高声音质量。

（4）检查声音质量。

打开直播软件或应用程序，进行声音测试。说话或演奏一段音乐，然后检查声音的清晰度、音量以及有无噪声。如果发现声音模糊、音量过低或有噪声等问题，可以尝试调整音频设备的参数或更换话筒。

（5）测试音频设备与直播软件兼容性。

在进行正式直播之前，测试音频设备与直播软件的兼容性，确保话筒能够正常工作并与直播软件完美配合。在直播测试过程中，可以关注声音质量、延迟时间和音频清晰度等指标，以确保直播效果符合预期。

活动实践

请同学们以自主学习及小组合作探究的方式帮助小夏完成以下活动，并将结果填写在相应的表格中。

（1）认识直播设备。

请帮助小夏在下列直播设备清单中选择适合的直播设备，将选择结果呈现在表 2-8 中。

表 2-8　直播设备清单

硬件设备	摄像设备	☐ 摄像机	
		☐ 手机	
		☐ 平板电脑	
		☐ 计算机摄像头	
	音频设备	☐ 话筒	☐ 有线话筒
			☐ 无线话筒
			☐ 嵌入式话筒
		☐ 声卡	
		☐ 无线耳机	
	网络设备	☐ 路由器	
		☐ 网络线	
		☐ 无线网卡	
软件设备	☐ 直播平台应用		
	☐ 直播软件		
	☐ 视频编辑软件		
其他辅助设备	☐ 三脚架		
	☐ 云台		
	☐ 移动设备支架		
	☐ 电池和移动电源		

（2）调试直播设备。

请帮助小夏调试直播设备，并将调试直播设备的注意事项呈现在表 2-9 中。

表 2-9　调试直播设备注意事项

设备种类	注意事项
摄像设备	
音频设备	

【任务拓展】

呼啸的风声伴随着皑皑的白雪，零下 9 摄氏度的外景中，穿着自家羽绒服的主播们肆意奔跑，时不时穿插着一两句关于产品的讲解，如图 2-17 所示。看起来有点随意的直播，最近却受到了用户的喜爱。真实场景直播生动展示了羽绒服的保暖效果，凭借雪山、白云的美景更吸引了一大波流量。

请基于上述背景情况，从直播销售场景搭建角度分析此直播间火爆的原因。

_____

_____

_____

_____

_____

_____

_____

_____

_____

图 2-17 某羽绒服直播间

【任务评价】

根据实践活动过程及实践活动结果，进行学生自评、学生互评与教师点评。

考核内容	具体要求	评价		
		学生自评	学生互评	教师点评
知识掌握	能够清晰描述直播场地类型及直播间功能区域			
技能要求	能够根据直播间商品和风格选择合适的背景、灯光，并列出具体的直播设备			

任务四　直播销售选品准备

【职场情境】

作为一家富有创新精神和人文关怀的企业，在此次选品阶段，"桂品味道"不仅关注商品的性价比，还关注商品的特色、质量，例如上林八角、横县茉莉花、刘圩香芋等。

部门领导让新来的选品主管小秋协助小夏完成直播选品，选出适合"桂品味道"此次直播销售的产品，从而达到进一步提升品牌影响力的目的。

【任务分析】

小秋向小夏介绍了选品的重要性，并希望小夏通过此次的选品，了解选品的全流程，以便对直播销售选品形成系统的认识。

【任务实施】

👤 活动 1 选品定位

活动步骤 ～～～～～～～～～～～～～～～～～～～～～～

步骤 1：了解市场需求

市场调研是了解市场需求的常用方法。通过市场调研分析，企业可以了解当前市场的竞争情况、消费者需求和趋势，从而更好地选择适合直播销售的产品。企业可以通过问卷调查、访谈、焦点小组讨论等方式，收集消费者的意见和反馈。市场调研分析的内容主要包括以下两个方面。

（1）行业及竞争分析。

① 行业趋势分析。

行业趋势分析是指根据经济学原理，利用分析工具对行业经济的运行状况、产品生产、销售、消费、技术、行业竞争力、市场竞争格局、行业政策等行业要素进行深入分析，从而为选品定位提供数据支撑。

② 竞争分析。

了解竞争对手的产品、定价、市场份额等信息，以掌握市场需求。可以通过竞品分析、市场调研、行业报告分析等方式，获取竞争对手的相关信息。

（2）消费者需求分析。

消费者需求分析是指通过研究和分析消费者的需求、偏好和行为，了解消费者对产品或服务的需求的过程。消费者需求分析主要从性别、年龄、职业、区域几个维度展开。

① 性别分析。

消费人群的性别比例不能通过主观判断，而是要从数据入手。男性客户和女性客户在购买产品的过程中，行为偏好存在很大的差异。为了实现精准销售，需要确认目标消费人群的性别比例，以便了解其偏好。

② 年龄分析。

每个行业的消费人群的年龄层次分布存在着很大差异。不同年龄层次的消费人群对产品选择、页面风格的喜好不同。因此，行业消费人群的年龄层次直接关系到直播销售策略等。

③ 职业分析。

若产品的消费人群集中于某个职业，那么对该职业人群特征和消费习惯要进行重点分析。

④ 区域分析。

消费人群区域分析主要是分析目标消费人群比较集中的地区，这些地区是后续进行产品推广的重点区域。

步骤2：了解产品定位

产品定位是在深入研究目标市场需求的前提下，提供的稳定而有特色的产品系列和组合。产品定位主要包括功效定位、品质定位、价格定位等。

1. 功效定位

在市场竞争中，企业在比较同类产品的优劣势时，往往提及产品功效，因此功效也成为考核产品的一个重要指标。所谓功效定位，就是根据产品的功效来确定市场位置。一个产品可能具有多方面的功效，因此，直播商家应思考选择产品的哪一个功效才能让产品在市场上占据有利的位置。

2. 品质定位

品质是产品选择的主要衡量标准，品质的优劣直接影响直播销售产品在市场中的竞争力。品质定位就是指商家根据产品的品质确定市场位置。进行品质定位应该突出产品在品质方面的优越性。当然，进行品质定位的前提是产品确实有值得宣传的品质。

3. 价格定位

价格定位是指根据产品的价格确定市场位置。现代企业的价格定位是产品定位的重要部分。如果一款产品在功效和品质方面与同类产品相比不占据明显的优势，但定价合适，用户会在产品品质相当的情况下选择价格相对比较低的产品，这时产品的价格就成为影响用户购买产品的主要因素。价格定位要考虑多方面的因素，并且需要随着市场的变化进行调整。

步骤3：了解产品来源渠道

常见的产品来源渠道主要包括以下几种。

（1）分销平台。

分销平台主要指淘宝、京东、苏宁易购、唯品会、洋码头、考拉海购等电商平台。主播可以通过分销这些电商平台上的产品来赚取佣金。通过这种渠道，企业或个人投入的成本相对较低。直播销售这类渠道的产品时，主播通常会先向商家申请样品或购买产品试用，试用满意后在直播间推荐产品。目前，非电商类直播平台的多数达人主播直播销售的产品都来自分销平台。在直播中，销售分销平台的产品虽然操作便捷，但产品分销佣金不稳定，发货时间和用户体验，甚至产品品质也难以得到保障。

（2）合作商。

主播与品牌商、批发商、零售商等合作，通常有以下两种情况：一种是商家通过私信或商务联系的方式主动寻求与主播合作，另一种是主播通过对外招商与商家达成合作。与商家合作时，主播可以严选产品，使产品的品质有所保障，从而提高直播间的转化率。但对影响力不大的主播而言，直播销售这种渠道的产品的佣金可能较低。

（3）自营品牌。

主播在直播间推荐自己的产品，即销售自营品牌产品。在选择自营品牌的产品时，由主播自己掌控，但投入成本较大，需要建立成熟的供应链。

活动实践

请同学们以自主学习及小组合作探究的方式帮助小夏完成以下活动，并将结果填写在相应的表格中或横线上。

（1）了解市场需求。

请根据"职场情境"提供的有关资料，帮助小夏对上林八角、横县茉莉花、刘圩香芋进行市场分析（包括行业及竞争分析、消费者需求分析），并填入表 2-10 中。

表 2-10　直播产品市场分析表

产品名称	行业及竞争分析	消费者需求分析
上林八角		
横县茉莉花		
刘圩香芋		

（2）了解产品定位。

请根据上一步的分析，帮助小夏对以上三款产品的功效、品质、价格进行定位，并将结果填在表 2-11 中。

表 2-11　直播产品定位表

产品名称	功效定位	品质定位	价格定位
上林八角			
横县茉莉花			
刘圩香芋			

（3）了解产品来源渠道。

请帮助小夏选择合适的产品来源渠道，并将选择原因填在下方横线上。

□分销平台
□合作商
□自营品牌

选择原因：
_____
_____
_____
_____

活动 2　筛选产品

经过小秋的讲解，小夏对直播销售的产品进行了准确定位，接下来需要筛选产品。小秋从选品原则入手，向小夏介绍选品搭配策略。

活动步骤

步骤1：了解选品原则

2023年2月，中国消费者协会与人民网舆情数据中心共同梳理出"2022年十大消费维权舆情热点"，其中指出"直播带货"中的产品质量、售后问题严重影响了用户体验。因此，直播销售必须严把产品的质量关。为确保产品以及售后服务质量，在策划直播选品的过程中，一定要选择来自正规合法企业的产品。这些企业必须经国家备案（可以通过国家企业信用信息公示系统查询），并且没有违规记录，没有被列入失信黑名单。在直播销售中，需要遵循的选品原则一般如下。

1. 以用户为中心

选品时要以用户画像为依据。用户画像是根据用户的社会属性、生活习惯和消费行为等信息构建的一个标签化用户模型，标签是通过分析用户信息得到的高度精练的特征标识。选品团队可以从用户画像中了解很多关于用户的信息，并根据这些信息挑选相应的产品。另外，选品团队要分析用户对产品的要求，如适用、经济、可靠、安全、美观、创新等，预测用户的购买行为。

2. 适合直播展示

选择易于在直播中展示的产品。这些产品通常具有功能明显或操作简单等特点，能够吸引用户的注意力，并引起用户的购买欲望。

3. 高关联性

选品要与直播账号定位和主播人设高度关联。一方面，主播对这类产品更熟悉；另一方面，这类产品也符合直播账号粉丝的预期和需求，这样的选品更有助于提高直播间的转化率。

4. 品质保障

选品团队要选择品质好的产品，首先要先对各款产品进行深入了解和分析，找到用户反馈较好的产品。如果出现产品质量问题，或者大量售后投诉的情况，不仅会有损主播的形象，还会有损直播间的信誉。所以在选品时一定要关注产品的质量，选择具有权威机构认证、行业内口碑佳的产品。

步骤2：探索选品搭配策略

一场直播通常有10种以上的产品，要获得较好的销售效果，就需要特别注意直播产品的搭配策略。如果所选产品都是同一种类型的，销售折扣策略也相同，那么用户很快就会出现审美疲劳，从而影响最终的销量。同时，直播销售追求的并不是一次性交易，而是通过这种方式形成核心用户群，通过不同的产品搭配策略来实现用户持续性购买主播推荐的产品的目的。所以，直播销售应做好选品并制定合理的价格促销方案，在让用户受益的同时，获得好的直播效果。通常，在直播间销售的产品根据销量、利润率以及在直播产品策略中的作用等可分成不同的类型，即引流款产品、核心款产品、利润款产品，直播团队可进行合理搭配。

1. 引流款产品

引流款产品是指能为直播间带来很多流量的产品。引流款产品的受众比较广。这类产品通常价格比较低，利润也比较低，用来吸引大量的用户进入直播间，实现引流效果。例如，卖护肤品的直播间可以选择面膜、护手霜等用户使用率比较高的产品作为引流款产品，卖居家生活类用品的直播间可以选择水杯、保鲜膜等常用生活品作为引流款产品。

2. 核心款产品

核心款产品是指市场热度非常高、曝光量高、销售火爆的产品。通常情况下，核心款产品的价格不会很高，也不是利润的主要来源。核心款产品主要是用来增加直播间竞争力的，其最大的特点就是性价比高、销量大，是贡献整场直播主要销售额的产品。

策划核心款产品的主要目的是提升成单量，和用户形成实质性的产品交易关系，从而增强用户的黏性。核心款产品既可以是市场上销售火爆的产品，也可以是直播间打造出来的产品。核心款产品通常有稳定的供货源，在刚开始销售这个产品时应尽量压低售价，降低利润。

3. 利润款产品

除引流款产品和核心款产品外，还有一类就是利润款产品。这种产品以获取利润为主要目的。在通过引流款产品吸引更多的用户进入直播间，并通过核心款产品吸引用户下单购买后，下一步就是通过利润款产品来实现获利。

活动实践

请同学们以自主学习及小组合作探究的方式帮助小夏完成以下活动，并将结果填写在相应的表格中。

（1）了解选品原则。

请根据"职场情境"提供的有关资料，帮助小夏根据选品原则对三款产品分别进行评估，并填入表 2-12 中。

表 2-12　直播产品评估表

产品名称	以用户为中心	适合直播展示	高关联性	品质保障
上林八角				
横县茉莉花				
刘圩香芋				

（2）探索选品搭配策略。

请根据表 2-13 所示的产品介绍表，帮助小夏将产品按照引流款产品、核心款产品、利润款产品进行分类，并对产品的搭配策略进行分析，将结果填在表 2-14 中。

表 2-13　产品介绍表

产品名称	产品价格	利润率	可搭配产品
上林八角	500 克 39.8 元	5%	桂皮、香叶、小茴香、白芷
横县茉莉花	30 克 10.8 元	8%	墨红玫瑰、桂花、洛神花、胎菊
刘圩香芋	500 克 3.9 元	3%	红枣

表 2-14　产品分类及搭配策略表

产品类别	产品名称
引流款产品	
核心款产品	
利润款产品	

搭配策略：

👤 活动 3　测试产品

　　小夏在选品环节筛选出引流款产品、核心款产品、利润款产品后，询问小秋选品是否已经完成。小秋告诉小夏还需要测试产品（简称"测品"），以验证产品销售潜力。测品分为两个方面：一方面测试所选产品的合理性，另一方面从已有产品中选出可以重点打造的产品。

活动步骤

步骤 1：了解测品方法

　　在选择销售潜力比较大的产品后，主播还要测品，验证其销售潜力，确认该产品在市场中的认可度。如果该产品的市场认可度高，就有机会获得不错的流量和销量；如果产品投入市场之后几乎没有回应，就说明这种产品在市场上不受欢迎，在后期选品时要规避。常用的测品方法有以下四种。

　　（1）短视频测品。

　　主播将待测产品配以不同销售话术、不同展示场景制作成多组短视频同步发布，可以根据短视频的完播率、点赞量、评论量、主页访问量等指标了解该产品的销售潜力，同时判断不同的销售话术和展示场景对产品销量的影响。如果主播需要从多款产品中选出主力产品，可以为多款产品制作相似的短视频进行测试，根据短视频数据选取销售潜力最好的产品作为主力产品。

　　（2）直播间上架测品。

　　主播在直播过程中，把几款备选产品同步上架，在不介绍的情况下观察它们的点击率和销量，并根据测试结果实时调整产品介绍策略。当有一款备选产品的转化效果较好时，主播可以临时对这款产品进行介绍，进一步测试其转化效果。

（3）直播间互动测品。

在直播过程中，主播也可以通过主动向观众提问的方式来了解观众的需求。例如，主播可以描述某一生活场景并提示痛点，让观众回应是否在生活中遇到过这样的场景。如果观众的反响强烈，则说明解决该痛点的产品有较大的市场需求。

（4）装饰性测品。

主播可以把要测试的产品放在直播间内的产品展示区。例如，主播在试穿一款连衣裙时戴上一顶帽子，根据观众对帽子的提问次数，测试帽子受欢迎的程度。

步骤2：探索测品流程

1. 确定测品目的

在进行测品之前，首先需要明确测品的目的。如是为了测试产品的市场反应和销售潜力，还是为了提高品牌知名度和影响力。明确测品目的可以帮助直播团队更好地制定测品策略和衡量测品效果。

2. 选择测试产品

在进行测品时，选择适合采用直播形式展示的产品非常重要。一般来说，易于展示、具有视觉效果和容易解释的产品更适合直播销售。例如，时尚服饰、美妆产品、家居用品等都是非常适合直播展示的产品。

3. 制定测品策略

在测品之前，制定详细的测品策略非常重要。测品策略包括直播时间、直播平台的选择、直播内容和形式的规划等。根据目标受众的特点和需求，制定相应的策略，以吸引观众的关注和激发观众的购买意愿。

4. 直播间测品

在直播间测品过程中，需要展示产品的特点、功能和使用方法，以吸引观众的关注和激发观众的购买意愿。

5. 收集观众反馈

测品结束后，及时收集观众的反馈和意见。可以从观众留言、调查问卷等渠道收集观众的反馈，了解他们对产品和直播的评价，以便进行改进和优化。

6. 分析销售数据

通过分析销售数据，直播团队可以评估测品的效果。如通过分析销量、销售额、观众互动度等指标，了解产品的销售潜力和市场反应。根据数据分析的结果，调整销售策略和产品定位，以优化销售效果。

活动实践

请同学们以自主学习及小组合作探究的方式帮助小夏完成以下活动，并将结果填写或整理在相应的横线上和方框中。

（1）了解测品方法。

请根据"职场情境"的背景，帮助小夏选择合适的测品方法，并将选择结果呈现在下方方框中，将选择原因填在下方横线上。

| □短视频测品 |
| □直播间上架测品 |
| □直播间互动测品 |
| □装饰性测品 |

选择原因：

_____

_____

_____

（2）探索测品流程。

请选择一种产品，根据上一步选择的测品方法，帮助小夏梳理测品流程并绘制流程图，将结果呈现在下方方框中。

测品流程

【任务拓展】

某美妆品牌近期准备开展品牌直播，分析客户画像后，得出客户主要特点如下：集中在新一线、二线及三线城市，呈现均衡、多元的客群分布特点；年龄在24~40岁，主要为有一定的经济基础，且追求精致生活的年轻女性或新手妈妈。

根据客户画像分析，该美妆品牌计划开通两个直播间，两个直播间的选品以"人群+产品"区分。主直播间——"水乳护肤"直播间，其客群以31~40岁的三线城市个体户及新手妈妈为主，一共26款产品，价格为199~539元，主推品为699元的水乳套盒。次直播间——"身体护理"直播间，其客群以新一线城市女大学生为主，一共9款产品，产品价格为99~329元，主推品为99元的秋冬焕亮身体乳套餐。

请基于上述背景情况，分析案例中的选品策略，并将分析结果填在下列横线上。

_____

_____

【任务评价】

根据实践活动过程及实践活动结果，进行学生自评、学生互评与教师点评。

考核内容	具体要求	评价		
		学生 自评	学生 互评	教师 点评
知识掌握	能够阐述产品定位的内容、选品原则，并列出产品来源渠道。能够针对不同产品，对市场需求进行分析			
技能要求	能够结合不同的产品，进行市场需求分析、制定选品搭配策略，并选择合适的测品方法和测品流程			

✂ 岗课赛证

考证提要

直播电商职业技能等级要求

1. 直播间搭建与运维

（1）能根据直播主题、商品类目、活动类型，结合场地大小，划分直播区、商品摆放区、设备摆放区等，布置直播间背景，调整直播间灯光，完成线下直播间的搭建。

（2）能根据直播要求，检查网络信号和推流软件，调试声卡、话筒、摄像头等音视频设备，保障直播过程顺畅。

2. 直播策划

（1）能根据商品历史销售数据、口碑、优惠力度和目标用户需求等数据，评估并挑选直播商品。

（2）能根据商品优势和卖点，将直播商品划分为核心款、引流款、利润款等类别。

（3）对流行商品具有一定敏感度。

（4）具备数据化选品的能力。

（5）能根据商品特征和目标用户定位，选择合适的主播，确定主播服饰与妆容。

项目三

直播销售策划

项目概述

　　随着互联网的发展，直播行业迎来发展新机遇，直播销售异常火爆。每一场成功的直播销售活动背后都有明确的营销目标。若要将企业营销目标合理设置在直播的各个环节中，就需要掌握直播销售整体策划的相关知识。有了完整、合理的策划思路，才有可能取得好的直播效果，最终实现企业的总体营销目标。

　　小夏通过前期的学习与培训，掌握了直播销售相关的基础知识，接下来部门领导将引导她通过任务学习法，厘清直播销售的策划思路与内容，掌握直播销售活动的整体流程设计和注意事项，为后续直播销售过程实施打好基础。

学习目标

知识目标

1．了解直播销售内容的策划技巧。

2．熟知直播销售话术的常见类型。

3．熟悉直播销售话术应遵循的基本要求与策划技巧。

4．了解常见的直播销售活动类型及其作用。

5．熟知策划直播销售活动的大致流程与技巧。

6．了解直播销售脚本的策划要点。

技能目标

1．能够正确阐述策划直播销售内容的技巧，并能根据具体要求，完成直播销售内容的策划工作。

2．能够正确阐述直播销售话术的常见类型，并能独立完成直播销售话术的设计。

3．能够掌握直播销售活动的常见类型，并能顺利完成直播活动的策划。

4．能够掌握整场直播脚本与单品直播脚本的策划要点，并能根据要求独立完成整场与单品直播脚本的策划工作。

素养目标

1．具备正确的价值观，能够在直播销售中向观众传递正确、合理的消费观念，并注重诚信和公平，从而促进社会和谐。

2．具备灵活性和创新性，在直播销售中能够随机应变，根据观众反馈调整和优化营销策略。

项目实施流程

项目实施准备

直播销售策划的项目实施准备清单如表 3-1 所示。

表 3-1 直播销售策划的项目实施准备清单

项目	具体内容	用处
设备	良好的网络环境、正常且稳定的多媒体设备	教学演示、自主学习、合作探究
资料	直播销售内容策划、话术策划、活动策划及脚本策划相关的教材、课件、微课等学习资料	学生自主学习
案例	有关直播销售内容策划、话术策划、活动策划及脚本策划的实际案例、视频等	教师案例展示
人员安排	2~3 人一组，通过网络搜索学习资料，并借助案例，开展活动	小组合作探究

任务一 直播销售内容策划

【职场情境】

"桂品味道"公司的团队成员做好直播销售前期准备后，就要开始做直播销售的内容策划工作了。小夏作为"桂品味道"刚刚转正的直播销售人员，具备较强的策划能力、沟通与表达能力，以及敏锐的观察力和洞察力。部门领导经过评估，决定让小夏负责直播销售内容策划工作，希望通过高质量的内容策划来指导后期直播顺利进行，从而取得良好的直播效果。开始工作前，小夏决定整理出直播销售内容策划的内容。

【任务分析】

在"内容为王"的时代，做好直播内容策划是做好直播的关键。虽然小夏之前学习过关于直播销售内容策划方面的理论知识，但是由于缺少实战经验以及不了解直播行业出现的新技术、新方法，之前积累的知识并不足以支持目前的工作。小夏只有了解直播销售内容策划的内容、技巧等，才有可能胜任目前的工作。

【任务实施】

活动 1 确定直播主题

小夏作为一个刚涉猎直播销售策划的新人，首先需要弄清楚什么是直播主题，也就是需要了解直播主题的概念、类型等，并熟悉策划直播主题的方法。

活动步骤

步骤 1：认识直播主题

直播主题是指在直播销售过程中所选择的特定主题或内容方向。它是为了吸引观众、增强观众购买兴趣和促进销售而设定的话题或焦点。直播主题可根据商品类型、目标受众、市场需求等因素进行选择，以最大限度地与观众产生共鸣并促成购买行为。

常见的直播主题包括话题分享主题、节日主题、品牌合作主题、直播销售主题等。

（1）话题分享主题：主播可以选择关注度高的热门话题进行直播，如电影、音乐、时事热点等，以吸引更多观众参与互动。

（2）节日主题：根据不同的节日，例如春节、元宵节等，策划相关的直播活动，并推出相应的商品或促销活动。

（3）品牌合作主题：主播可以与品牌进行合作，以展示和推广品牌商品。主播可以在直播间上架品牌新品、讲解品牌故事、介绍商品试用体验等，以加深观众对品牌的认知，提高商品销量。

（4）直播销售主题：主播在直播中展示并推荐各类商品，介绍其特点、功能和使用方法等，并提供购买链接或折扣，引导观众下单购买。

无论选择哪种直播主题，都应该考虑直播销售活动的具体需求和目标受众，提供有价值的内容和良好的观看体验，并结合有效的营销策略和互动方式，以达到最佳的推广效果。同时，主播应该遵守相关法律法规和行业规范，保证直播活动的合法性和合规性。

步骤 2：策划直播主题

策划有吸引力的直播主题是确保直播活动成功的重要一步，因此需要掌握一定的策划技巧。比如，一个有吸引力的直播主题应该结合热点、突出重点、具有特色、贴近生活。

（1）直播主题要结合热点。

随着移动互联网的发展，越来越多的人在网络上进行社交活动，更加关注社交平台推送的消息，时下热点成为人们更加关注的信息。因此，为了有效吸引观众注意，在策划直播主题时，有必要结合当下热点事件，使其成为直播的亮点。

虽然借助热点策划直播主题会给直播间带来很多流量，但要选择与销售的商品相契合的热点。如果热点与商品的相关度不高，只会让观众认为在"蹭热度"，不能达到引流的效果，还容易使直播间的观众流失。因此策划直播主题时只有认真分析并选择合适的热点，才能借热点引流。

（2）直播主题要突出重点。

进行直播主题策划时，为了吸引观众的注意力并有效传达信息，可以通过突出重点来增强直播营销效果。比如通过展示商品卖点、宣传品牌价值、展示商品使用方式等方法，有效地突出直播主题重点，吸引观众关注，激发观众购买欲望，并促成交易。同时，还要根据目标受众的需求和偏好来确定突出重点的方式和内容。

（3）直播主题要有特色。

如何通过直播主题来激起观众的兴趣呢？比如，很多主播在直播时会选择商品制作这一主题，而不选择一般的商品选题。这是因为商品制作会使观众感到很新鲜，自然就能吸引更多观众，同时也能提升直播间的销量。

（4）直播主题要贴近生活。

很多人观看直播是因为直播的实时性，所以策划的直播主题需要贴近大众生活，比如在直播中试用、试吃商品或者进行时尚搭配、宠物护理等。当然，主题的选择还应考虑主播兴趣和专长，以便更好地展示个人特色和技能。

活动实践

请同学们以自主学习及合作探究的方式帮助小夏完成以下活动，并将结果填写在相应的横线上、表格中。

（1）认识直播主题。

请根据下面列出的直播情景，将对应的直播主题填写在表 3-2 中。

表 3-2　直播情景与直播主题对应表

直播情景	直播主题
主播在直播间与其他主播连麦，应粉丝要求演唱流行歌曲	
某消防人员在直播间为粉丝讲解火灾预防常识以及逃生与自救的技巧	
某直播间在母亲节到来之际，推出主题产品和特惠活动	
某主播在直播间展示产品的功能特点，进行现场试用演示	
某主播在直播间为粉丝展示自己的日常穿搭，并介绍产品	
某直播间邀请知名人士作为嘉宾参与直播，为粉丝介绍品牌故事	

（2）策划直播主题。

请同学们根据策划直播主题的技巧，帮助小夏为"桂品味道"店铺的特色农副产品策划直播主题，并说明理由。

_____

_____

活动 2 确定直播销售目的

小夏想要顺利开展直播销售的策划工作，除了策划主题外，还需要确定直播销售的目的。因为直播销售目的不同，直播的受众以及效果也会不同，所以小夏需要对直播销售的产品、观看直播的用户、企业营销目标进行分析，从而合理确定直播销售目的。

活动步骤

步骤 1：分析直播销售产品

为了能更好地将产品价值传递给用户，直播前必须对产品进行全面分析，梳理出产品的优势、劣势，提炼描述产品的关键词。产品分析一般可从产品外观和产品功能两大维度进行，表 3-3 所示为小夏对"桂品味道"店铺的柠檬鸭掌进行的产品分析。

表 3-3　柠檬鸭掌产品分析

产品	产品外观	产品功能
柠檬鸭掌	分析包装材质、标志、说明等，得到关键词：健康、安全、手工等	分析产品口味、制作工艺等，得到关键词：下饭、辣味、腌制等

步骤 2：分析观看直播的用户

不同的产品有不同的潜在消费群体，要实现直播目标，必须对观看直播的用户进行分析。通过对用户细分，了解不同用户群体的购买需求和行为特征，进而描绘出目标用户画像，并针对目标用户群体的行为特征和观看心理，制定直播间促销活动方案。用户分析包括用户细分分析和用户群体分析。下面主要介绍用户细分分析。

（1）用户细分分析包括用户标签分析（性别、年龄、收入、所在城市、文化程度等）及用户行为分析（即行为特征）两个维度，如表 3-4 所示。

表 3-4　用户细分分析

项目	用户标签分析	用户行为分析
内容	可从用户的性别、年龄、收入、所在城市、文化程度等方面进行用户标签分析。用户属性特征是用户分析的基础，用户属性特征又分为固定属性特征和可变属性特征。 重点对用户年龄、性别与所在城市进行分析	分析用户的行为特征，模拟用户行为路径，在用户的每一个行为中设计营销卖点。 重点分析用户需求及其观看心理
示例	固定属性特征，即伴随用户一生的固定标签，如：女性，出生于广州，汉族等。 可变属性特征，即在短时间内用户保有的特点标签，如未婚、本科学历等	比如"60后""70后""80后""90后"等的行为特征各不相同，要研究他们在直播场景下的行为特征

（2）通过用户标签、行为特征等信息确定目标用户，进而描绘出目标用户画像。

步骤 3：确定企业营销目标

直播销售目的需要服务于企业的市场营销目标，这样才能给企业带来整体的效益提升。直播销售目的不是一成不变的，需要根据企业或店铺在不同阶段、不同情况下的市场营销目标做出调整。企业可以运用 SMART 分析法，科学合理地确定直播销售目的，如表 3-5 所示。

表 3-5　SMART 分析

SMART	具体含义	举例
S（Specific）明确性	目标具体、明确，可以用语言表述	不明确的目标：借助直播增加知名度 明确的目标：借助直播增加关注量和评论数
M（Measurable）可度量性	目标可以用数据衡量	不可度量目标：借助直播大幅度提升销售额 可度量目标：利用直播平台实现 200 万元销售额
A（Attainable）可实现性	目标是可实现的，避免设立过高或过低的目标	上场直播活动观看人数为 3 万，这次将目标设定为观看人数达 30 万，这是过高的目标
R（Realistic）相关性	此目标与其他目标的相关性	企业电商管理部门除了直播还有网站运营、微信公众号运营等相关职能任务，直播目标设置为"公众号流量 24 小时内提升 30%"有相关性，而"生产的瑕疵品概率下降至 5%"没有相关性
T（Time-based）时限性	完成目标的期限	"新品销售 10 万件"是没有时限的，而"直播结束 36 小时内新品销售 10 万件"是有时限的

经过对产品、用户及企业营销目标的分析，就可以确定企业直播销售的目的。如图 3-1 所示为小夏确定的"桂品味道"店铺直播销售目的的策划。

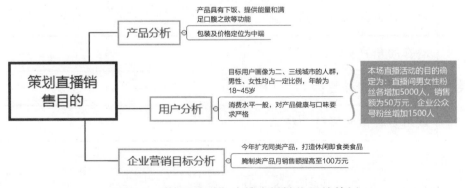

图 3-1　"桂品味道"店铺直播销售目的策划

活动实践

请同学们以自主学习及合作探究的方式帮助小夏完成以下活动，并将结果填写在相应的表格中。

（1）分析直播销售产品。

请同学们以小组为单位，任选两款当地特色产品作为直播销售产品，按照表 3-6 中的要求，完成直播销售产品的分析。

表 3-6　直播销售产品分析表

直播产品	产品名称	产品分析		提炼产品关键词
		产品外观分析	产品功能分析	
产品 1				
产品 2				

（2）分析观看直播的用户。

请同学们以小组为单位，对家电类产品和零食类产品分别进行用户分析，将分析结果填入表 3-7 中。

表 3-7　用户分析表

产品	主要用户群体分析
家电类	潜在的用户：
	用户的主要标签：
	该用户群体购买行为特点：
零食类	潜在的用户：
	用户的主要标签：
	该用户群体购买行为特点：

（3）确定企业营销目标。

根据 SMART 分析法，对表 3-8 中的直播目标表述进行对比分析，并将分析结果填入表中。

表 3-8　直播目标对比分析表

店铺直播间情况	目标表述	哪个表述更合理？为什么
上场直播后的数据： （1）粉丝量：20 000 个 （2）销售额：20 万元	① 直播销售额提升至 22 万元 ② 销售额大幅增加	
	① 更多人关注，粉丝增长过万 ② 直播间粉丝量增加 5 000 个	
	① 提升产品质量 ② 提升微信公众号人气	

活动 3　确定直播销售形式

　　小夏将自己策划的直播主题与目的报告给了部门领导。经过提问、考查，领导觉得小夏已经基本掌握了直播销售内容策划的知识。但这还不够，除了策划直播主题与目的外，还要策划确定直播销售形式，因为以不同的形式进行直播销售，会带来不同的流量、受众，直播效果也不一样，所以小夏还需要对直播销售形式进行了解。

活动步骤

步骤 1：了解直播销售形式

　　店铺在进行直播前需根据产品的特点设计直播的内容，并选择合适的形式将产品的价值有效地传达给观众，从而提高品牌知名度或销售额。常见的直播销售形式有卖货型、场景型、教学型、供应链型等，这些形式旨在吸引观众的注意力并增强其购买兴趣，具体介绍如表 3-9 所示。

表 3-9　直播销售形式

直播销售形式	适用产品	说明
卖货型	服饰鞋包、美妆护肤品等	这是目前较为常见的直播形式，侧重点在产品销售，主播介绍产品特点、优势，并进行推销，以吸引观众的注意力
场景型	厨具、家具等	注重搭建各种场景，展示产品的使用情境，让观众能够更直观地看到产品的实际效果和功能。比如在家具直播中，主播会模拟家庭生活场景，展示产品在真实环境中的应用
教学型	课程、书籍、乐器等	注重对产品的详细解说和示范，主播为观众提供更多专业的指导和实用技巧，帮助观众更深入地了解所需的知识和技能
供应链型	水果、水产等	重点放在展示产品的源头和制造工艺上，以增加观众对产品的信任度和增强其购买意愿。例如在水果、水产等品类的直播销售中，主播直接在货源地进行直播，向观众展示产品的来源和制作过程

　　这些直播销售形式各有特点，根据销售的产品类型和营销目标，可以选择合适

的形式进行直播销售。

步骤2：策划直播销售形式

要选择合适的直播销售形式，首先要了解目标用户、产品特点和市场趋势。同时注重内容的真实性、互动性和娱乐性，以吸引观众的关注并促进销售。

（1）结合目标用户：了解目标受众的年龄、性别、兴趣爱好等因素，以便确定适合他们的直播形式。可以通过调研、数据分析等方式获取相关信息。

（2）结合产品特点：针对产品的特点和优势，设计相应的内容展示和直播方式，让受众能够清晰地了解产品的价值和功能。

（3）考虑市场趋势：了解当前市场的热点和趋势，结合产品的特点和受众需求，将其融入直播内容中，以吸引更多受众的关注。

需要注意的是，直播销售形式并不是各自独立的，一次成功的直播活动往往是将两种或多种直播销售形式进行组合，从而尽可能获取最优的直播销售效果。由于小夏此次要销售的是当地特色农副产品，因此她可以将本次直播销售的形式初步确定为教学型或供应链型，或者将两种形式组合进行直播销售。

活动实践

请同学们以自主学习及合作探究的方式帮助小夏完成以下活动，并将结果填写在相应的横线上、表格中。

（1）了解直播销售形式。

请同学们以小组为单位，分析下列直播案例采用的是哪种直播销售形式，并阐述这种直播销售形式与硬广相比有何优势，将结果填写在下面横线上。

A直播间，邀请知名彩妆师到直播间使用彩妆产品帮模特化妆，主持人不时向彩妆师请教化妆技巧。

采用的直播销售形式是：_____

_____

和硬广相比有何优势？_____

_____

B直播间，主播小张穿着朴素的衣服，坐在田间向粉丝展示收割小麦的场景，并讲解利用小麦制作美食的技巧，直播间销售的是不同规格与包装的面粉与美食。

采用的直播销售形式是：_____

_____

和硬广相比有何优势？_____

_____

（2）策划直播销售形式。

下面材料是小夏通过调研获取的"桂品味道"店铺农副产品的相关信息。请同学们结合材料，分析产品及受众人群特点，讨论"桂品味道"直播间采用哪种或哪几种直播销售形式比较合适，将结果填写在表3-10中。

材料

"桂品味道"店铺主营各类农副产品，店铺创始人有自己的生产和种植基地，比较关注食品安全和消费者的需求，主营产品有各类水果干、五谷杂粮、手工熬制黑糖、柠檬鸭、下饭菜等，所有产品均手工制作，并且遵循绿色、无污染的制作原则。店铺的消费群体对食品的原料和制作过程有较高的要求，对无污染、绿色的农副产品具有较浓的兴趣，倾向于选择原料干净、健康，且手工制作的产品。

表3-10 直播销售形式策划表

产品	受众分析	直播销售形式
农副产品		

【任务拓展】

"桂品云企业店"是广西一家销售文旅产品的企业，在很多电商平台拥有自己的旗舰店铺，店铺主营各类高质量的文旅产品。随着直播行业的发展，企业运营部领导想要进行直播销售，力求让观众通过观看直播就能了解当地旅行线路、感受当地文化，并能购买到景点门票及文化艺术品等。"双十一"购物节马上到来，为了提升店铺销量，企业领导准备在这期间开展一场直播活动。

请基于上述背景，帮助该企业为本场直播活动策划合适的直播内容，包括直播主题、目的及形式。

策划的直播主题：＿＿＿＿＿＿＿＿＿＿＿＿＿＿＿＿＿＿＿＿＿＿＿＿＿

策划的直播销售目的：＿＿＿＿＿＿＿＿＿＿＿＿＿＿＿＿＿＿＿＿＿＿＿

策划的直播销售形式：＿＿＿＿＿＿＿＿＿＿＿＿＿＿＿＿＿＿＿＿＿＿＿

【任务评价】

根据实践活动过程及实践活动结果，进行学生自评、学生互评与教师点评。

考核内容	具体要求	评价		
		学生自评	学生互评	教师点评
知识掌握	能够阐述直播主题的概念及类型、直播销售形式的概念及类型，掌握分析直播销售产品的技巧			
技能要求	能够根据具体要求完成直播主题的策划，进行用户分析，完成直播销售形式的策划			
	能够利用SMART分析法，分析直播产品、用户及企业营销目标，确定直播销售目的			

任务二 直播销售话术策划

【职场情境】

小夏在部门领导的带领下顺利完成了直播销售内容的策划工作。鉴于小夏在校期间选修了汉语言文学相关的课程，具备清晰的逻辑思维以及较强的沟通和表达能力，领导又安排小夏继续完成公司"桂品味道"店铺特色农副产品的直播销售话术策划，希望小夏策划出条理清晰、具有吸引力的直播销售话术，为后期直播的顺利开展提供指导。开始工作前，小夏决定先整理归纳出直播销售话术策划的相关内容。

【任务分析】

在直播销售中，优秀的直播销售话术是提高商品转化率的保证。主播运用设计好的直播销售话术不仅可以挖掘出用户的核心需求，快速引起用户的注意和兴趣，还可以激发用户的购买欲望，打消用户的各种顾虑，促成用户下单购买。虽然小夏对直播销售话术有自己的理解，但对于设计、策划直播销售话术还存在一定的知识盲区。小夏只有通过学习设计直播销售话术的基本要求、话术类型、策划技巧等方面的知识，才有可能完成此工作。

【任务实施】

👤 活动 1 初识直播销售话术

作为直播销售话术策划人员，小夏认为想要策划出高质量的直播销售话术，首先需要弄清楚直播销售话术的基础知识，也就是需要了解什么是直播销售话术、在设计时应遵循什么样的要求、它有哪些类型等。

活动步骤

步骤 1：了解直播销售话术

所谓直播销售话术，就是指主播在直播销售活动中介绍商品特点、功效、材质时，使用的一系列语言，旨在吸引用户的注意力、获取信任、推销商品或服务，并最终促使用户购买。直播销售话术是主播促成商品成交的关键，也是吸引用户在直播间停留的关键。

主播及直播销售团队在设计直播销售话术时应该遵循以下基本要求。

（1）内容规范。策划直播销售话术时要确保内容符合规范，避开争议性词语或敏感性话题，以文明、礼貌为前提，传递出的信息既要直击用户的内心，激发用户的购买欲望，又要能营造和谐的直播间氛围。

（2）用语专业。主播的直播销售话术要体现出专业性。一是主播对商品的认识要全面、深刻，这样容易获得用户的信任；二是主播应具有成熟的语言表达方式，这可以增强说服力。

（3）态度真诚。在直播销售中，主播不能一味地讨好用户，而应该与用户交朋友，用真诚的态度和真挚的语言来介绍商品，这样更容易激发用户产生情感共鸣，拉近与用户的距离，提高用户的互动性。

（4）趣味性强。在直播过程中，没有吸引力的话术是留不住用户的。因此，主播在讲解商品时，应提升直播话术的趣味性，最好搭配丰富的肢体语言、面部表情等，使传递出的信息更生动、更形象，从而感染用户的情绪，把用户带入主播设置的场景中。

步骤2：掌握直播销售话术类型

按照直播销售的一般流程，直播销售话术可分为开场话术、互动话术、商品介绍话术、引导下单话术、直播结束话术等，具体如表3-11所示。

表3-11　直播销售话术常见类型

话术类型	说明	参考示例
开场话术	直播的开场话术是直播开场时主播要说的话。开场时，主播不仅要进行自我介绍，还要调动用户的情绪，点燃直播间的气氛。另外，开场时，主播还可以介绍本次直播的利益点，引导用户关注直播账号，并分享直播间	（1）大家好，欢迎大家来到我的直播间，今天是"6·18"年中大促，我为大家带来多款超值商品，今天直播间的朋友可以享受超低直播价哦 （2）刚进直播间的朋友们，记得点左上角的按钮关注直播间哦，我们会不定期发送各种福利
互动话术	互动话术主要是为了引导用户积极互动，使直播间始终保持活跃的氛围。在设计互动话术时，使用提问的方式能很好地引导用户开启互动	（1）主播身高165cm，体重50kg，衣服S码，你也可以参考我身后的信息牌，感兴趣的话就下单哦，衣服上身效果很好，适合多种场合 （2）大家平时都喜欢用哪种面膜呢？有用过××品牌的吗
商品介绍话术	商品介绍是直播销售的重要环节，也是主播能否顺利完成销售任务的关键。可以从商品的核心优势、使用场景等方面来设计话术	（1）这款连衣裙专为现代都市女性打造，兼顾时尚与舒适，无论是日常穿搭还是特殊场合穿着，都能展现出您独特的魅力。精选的面料和精湛的工艺让您在穿着时感受到无与伦比的舒适，而多样化的设计风格则能满足您在不同场合的需求 （2）这款烤箱是专门为三口之家研发的，满足全家人的早餐需求；周末您还可以在家做下午茶，烤出美味的比萨、鸡翅、面包等，全家人一起享受美食
引导下单话术	主播可以强调售后服务好、价格优惠、回购率高、商品好评多等来设计引导下单话术	（1）我们直播间的商品都支持七天无理由退货，购买后如果对商品有任何不满意都是可以退货的，大家放心购买 （2）如果大家还没有想清楚要不要下单，可以先将商品加入购物车，或者先提交订单拿到优惠名额

续表

话术类型	说明	参考示例
直播结束话术	直播结束话术用于正常直播的结尾部分，对直播起着重要的总结作用，可以从总结整场商品、下期直播预告、感谢用户观看等方面来设计直播结束话术	（1）本次直播给大家推荐的都是性价比高的商品，今天的直播商品有……所有商品都是经过我们团队严格筛选、主播试用的，请大家放心购买。没有下单的用户请尽快下单，已经下单的用户请及时付款。今天的直播就到这里了，明天再见 （2）大家还有什么想要的商品，可以在群里留言，我们会非常认真地为大家选品，在下次直播时推荐给大家

需要注意的是，无论是哪种类型的直播销售话术都不能死记硬背，因为直播现场存在很多变数。运用直播销售话术的关键是随机应变，主播应不断地积累直播经验，形成自己的一套完整的直播销售话术，与用户建立信任关系，更好地满足用户需求。

活动实践

请同学们以自主学习及合作探究的方式帮助小夏完成以下活动，并将结果填写在相应的横线上、表格中。

（1）了解直播销售话术。

请同学们分析下面几条直播销售话术，帮助小夏分析这些话术是否遵循设计直播销售话术的基本要求，最后将违反的具体话术要求填写在表 3-12 中。

表 3-12　直播销售话术分析表

情景描述	是否遵循设计直播销售话术的基本要求	基本要求
如果你存在肌肤上的困扰，一定要去买它！它可以帮你稳定肌肤状态，家人们赶紧下单了		
这款饰品应避免洗澡时佩戴，洗手液、沐浴露、香皂等会对饰品表面的镀层起到严重的分解、腐蚀等作用；还应尽量避免与硬物碰撞和摩擦，以免把镀层磨掉，影响亮度；需要保持银饰的干燥，避免氧化；饰品在佩戴时，如果不小心沾上污渍或者汗液，尽量使用柔布擦拭干净，避免水洗及粗布擦拭；若饰品长时间不佩戴，需擦拭干净，放进单独的包装盒内，不要混放，以免造成饰品摩擦损坏		
这款榨汁机旗舰店售价是 1 299 元，今天点亮我直播间灯牌就可以享受 399 元的价格，这么优惠的价格你们不会还嫌贵吧，这个价格平时我买一双袜子都不够呢		

续表

情景描述	是否遵循设计直播销售话术的基本要求	基本要求
我这两天在看电视剧《××》，你们有没有也在看的？你们最喜欢哪个演员？打在公屏上我给大家来一小段人物模仿秀（模仿时搭配了丰富的肢体语言和趣味十足的面部表情）		

（2）掌握直播销售话术类型。

请同学们以小组为单位，结合下列给出的直播销售话术案例，帮助小夏分析该主播使用的是哪种直播销售话术，最后将答案填写在下面横线处。

"欢迎大家来到我的直播间，今天是我直播的第二天，我会继续努力，希望大家多多支持。"

采用的直播销售话术类型是：＿＿＿＿＿＿＿＿＿＿＿＿＿＿＿＿＿＿＿＿

"这款商品在××旗舰店的价格是一瓶99元，今天我的直播间买一送一，99元可以到手2瓶，喜欢的朋友尽快下单！"

采用的直播销售话术类型是：＿＿＿＿＿＿＿＿＿＿＿＿＿＿＿＿＿＿＿＿

"直播间的朋友们，如果你下单后商品降价了，15天内可以退差价，我们赠送运费险，你不喜欢还可以7天无理由退货。"

采用的直播销售话术类型是：＿＿＿＿＿＿＿＿＿＿＿＿＿＿＿＿＿＿＿＿

"最近我看到好多人在挑战15秒画眼线，评论区有人说这不可能做到，今天我用我手上的这款眼线笔来参与挑战，直播间的朋友们想看吗？"

采用的直播销售话术类型是：＿＿＿＿＿＿＿＿＿＿＿＿＿＿＿＿＿＿＿＿

"好了，还有5分钟就要下播了，非常感谢今天家人们的陪伴与支持，明天同一时间，有你们一直想要的××，家人们一定要准时进入直播间观看哦！"

采用的直播销售话术类型是：＿＿＿＿＿＿＿＿＿＿＿＿＿＿＿＿＿＿＿＿

活动2　策划直播销售话术

在了解了直播销售话术的基础理论知识后，小夏就要着手策划直播销售话术了。小夏认为话术就是说话的艺术，也就是对语言的组织和应用能力。在直播销售中，主播想要在有效的时间达到销售目标，最重要的就是依靠好的话术，所以小夏还需要了解直播销售话术的策划技巧。

活动步骤

步骤1：了解直播销售话术设计技巧

通常来说，直播销售话术的设计可以从以下六个方面着手。

（1）提出用户痛点。

在正式介绍产品之前，先将用户带入生活场景，用生活化的语言描述出用户的需求，结合消费场景找出用户的痛点，从而与用户产生共鸣，给用户提供一个购买理由，让用户产生购买欲望。

（2）展现产品卖点。

以销售为目标的直播，其核心内容是产品介绍话术。在前面引出痛点的环节，已经铺垫好了产品的重要性，在这个环节，主播需要展现出自己的专业性，对销售的产品进行详细介绍，比如从产品的卖点、产品的好评、品牌背书等方面介绍。

（3）突出价格优势。

在设计产品价格话术时，除了直接讲出产品的优惠政策外，还可以利用以下三种方法：第一种是与其他地方的售价进行对比，突出自己的低价；第二种是通过场景描绘间接地说明此次价格很划算；第三种是通过给予赠品，来突出产品价格的优惠力度大，从而刺激用户下单购买。

（4）适当互动留人。

需要注意的是，切勿长时间单方面地介绍，要和直播间的用户经常性地进行互动，避免用户的流失。在互动中，活跃直播间的气氛后，再安排抽奖、发红包等福利活动，提高直播间的互动率与留存率。

（5）打消用户顾虑。

在策划直播销售话术时，除了详细介绍产品外，还需要配合坚定的语气肯定产品，重复产品的优势；同时，主播还可以做出售后服务的承诺，让用户感受到良好的购物体验。

（6）适时引导下单。

这一环节，主播要避免一味地催促用户，以免用户产生厌烦情绪，进而对品牌及产品形象反感；相反，主播应通过引导需求的方式，为用户提供购买帮助，并鼓励他们尽快下单。

除了以上介绍的技巧外，还可以根据产品特点、直播间现场反馈及实时数据等，进行直播销售话术设计，以达到最佳的销售效果。

步骤2：掌握无话可说时的应对技巧

直播间的气氛和节奏全靠主播及助播等人调动，所以一旦其无话可说，直播间就会面临冷场和尴尬的局面。那么遇到这种情况，主播该如何处理呢？通常可以从以下几个方面来应对。

（1）强调产品卖点。

主播在面临无话可说时，可以重复直播销售话术，根据情况再次进行介绍。如果之前已经都讲过了，还可以把产品的卖点或价格优势进行反复强调，以此给用户留下深刻的印象，进而促成订单。

（2）回复用户问题。

在直播过程中主播不知道该说什么的时候，回复用户的留言是一个很好的方法。对很多新手主播而言，直播时长有一定的规定，如果主播没有和用户进行充分的互动，那么这场直播就达不到预期效果。需要注意的是，如果用户提问较多，可以先把问题记下来，有相同或相似的问题可以一并回答，然后再按照提问的顺序回答其他问题，这样不仅会提高回复效率，也会让用户感受到被关注。

（3）寻找话题聊天。

直播间最重要的就是气氛要好，要让进来的用户能够留下，所以一定不能冷场。因此，用轻松的语气和用户聊一些产品相关的日常话题、热点话题，也是不错的方法。

活动实践

请同学们以自主学习及合作探究的方式帮助小夏完成以下活动，并将结果填写在相应的横线上、表格中。

（1）了解直播销售话术设计技巧。

小夏分享了某主播在直播间销售一款家用烤箱的部分话术，如表 3-13 所示。请同学们结合所给材料，直观感受并分析销售话术所应用的技巧，并根据所给出的样例，将其补充完整。

表 3-13　直播销售话术技巧分析

直播销售话术	技巧分析
选购家用电器就像为家人打造便利舒适的生活环境。这款家用烤箱专为三口之家设计，无论是快捷的早餐烘焙还是周末的家庭聚餐，都能满足全家美食需求	提出痛点： 让观众意识到选择适合自己产品的重要性，并且思考自己目前使用的产品是否是适合自己的
这时主播和直播间观众进行互动，问："你觉得什么样的烤箱好？"观众在评论区回复："我觉得功能多、火力大的好，这样可以确保食物在较短的时间内被均匀烹饪。"主播说："很多人都有这样的想法，这个不能说全对也不能说全错。烤箱主要分两种，一种是电烤箱，另一种是燃气烤箱。大家分得清什么是电烤箱什么是燃气烤箱吗？电烤箱通常更适合家庭使用，它加热均匀、温度易于控制，而且通常具有多种预设的烹饪模式，适合烤制多种菜品；燃气烤箱则更适合需要高温烹饪的食物，因为它可以迅速达到更高的温度，并且在制作传统烤肉或烤蔬菜时效果更佳。因此，在选择烤箱时，除了功能与火力外，还需要考虑自己的厨房环境和个人烹饪习惯，以及对能源的需求，这样才能选到最适合的产品。"	专业展现： 产品介绍话术中一个非常重要的技巧就是展现自己在所销售产品领域的专业知识。主播通过提问互动的形式引出专业知识的介绍，使用的都是比较日常的语言，观众不会觉得枯燥无聊，而且可以感受到主播的专业性，从而对主播产生信任感，潜意识里会认为这样专业的主播推荐的产品是好的产品
今天要给大家介绍的这款烤箱，它的性价比特别高，在各个渠道从来不愁卖，每次我们都要追着要货，让他们有一点就给我们一点	
主播拿来提前准备好的道具——一只鸭子和一个红薯，一边现场演示使用方法，一边说："这款烤箱采用先进的加热技术和精准的温度控制系统，能够达到稳定且均匀的加热效果，确保食物在烹饪过程中受热均匀，口感更佳；它还配备了多种烹饪模式和智能功能，无论是烘焙、烤制还是烟熏，都能轻松胜任！"	

续表

直播销售话术	技巧分析
今晚直播间货源是官方旗舰店，官方旗舰店价格1 299元，这个品牌几乎不做优惠活动，今晚直播间本来说要送东西，不能给低价，但是我们就说让直接减价。我们直播间今晚所有下单购买的朋友，到手价399元。再送一份精美厨房用具套装，价值100元。准备，倒计时开始，5、4、3、2、1，上链接	
主播念观众留言："看到很多人说，终于等到这款烤箱了。"紧接着说："现在已经全部卖完了，（问后台工作人员）还能加吗？"助播在旁边补充："抢没了。"	
这个一定要加入购物车，难得上架，这个爆品特地留在今天晚上。第二波已经上架了，大家赶紧下单购买	

（2）策划直播销售话术。

请同学们根据策划直播销售话术的技巧，帮助小夏为"桂品味道"店铺的特色农副产品策划直播销售的开场话术，并将话术填写在下面横线上。

_____

_____

_____

【任务拓展】

为迎接"双十一"购物节，"桂品云企业店"在完成直播销售的内容策划之后，应领导要求为店铺各类高质量的文旅产品策划直播销售话术，希望主播通过专业、真实、合规、有吸引力的直播销售话术，引导用户下单购买，从而实现店铺销售目标。

请同学们基于上述背景情况，帮助该企业为整场直播活动策划合适的直播销售话术，包括开场话术、互动话术、商品介绍话术、引导下单话术及直播结束话术，并填写在表3-14中。

表3-14 直播销售话术策划

话术类型	话术
开场话术	
互动话术	
商品介绍话术	
引导下单话术	
直播结束话术	

【任务评价】

根据实践活动过程及实践活动结果，进行学生自评、学生互评与教师点评。

考核内容	具体要求	评价		
		学生自评	学生互评	教师点评
知识掌握	能够阐述设计直播销售话术所要遵循的基本要求以及直播销售话术常见类型			
技能要求	能根据要求完成整场直播销售的话术策划，并能够应对直播间无话可说的情况			

任务三 直播销售活动策划

【职场情境】

在整个直播的运营环节中，除了做好内容与话术的策划外，还有一项很重要的工作就是直播销售活动（简称直播活动）的策划。接下来，小夏将继续完成"桂品味道"店铺特色农副产品的直播活动策划。鉴于小夏之前作为助播，参加过几次直播活动，领导希望小夏能够尝试策划出内容丰富、合理、具有吸引力的直播活动，为将要开展的直播销售提供指导。开始工作前，小夏决定先整理归纳出直播活动策划的相关内容。

【任务分析】

虽然小夏之前作为助播，进入直播间感受过直播活动的营销氛围，但是由于缺少活动策划方面的实战经验，加之直播产品、目标受众与直播内容的不确定性，之前所学习的知识只停留在感官层面，并不能完全支持目前的工作。小夏只有了解直播活动策划所包含的内容、技巧等知识，才有可能完成这项工作。

【任务实施】

👤 活动1 策划直播互动活动

小夏在部门领导的指导下，了解到直播销售中除了商品介绍外，还需要适当设计互动活动来进行促单转化，提高转化率。于是，小夏认为自己首先需要弄清楚什么是直播互动活动，也就是需要了解直播互动活动的概念、类型；同时，围绕不同类型的互动活动，分析其策划技巧与误区。小夏除了向部门领导取经外，还可以借助网络进行相关学习。

活动步骤

步骤1：认识直播互动活动

直播互动活动是在直播过程中，通过各种方式与观众进行实时的互动交流的活

直播销售（慕课版）

动。这些活动旨在增加观众的参与度、优化直播间的互动效果，从而加深和强化观众对产品或服务的认知和购买意愿。在直播销售中，主播与观众之间的互动活动有很多种，常见的有派发红包、抽奖、游戏、与名人合作、品牌商/企业领导助播、弹幕互动等，具体介绍如表 3-15 所示。

表 3-15　直播销售互动活动

互动活动	介绍	作用
派发红包	主播派发红包，给观众具体、可见的利益，这是主播聚集人气、与观众互动的有效方式之一。直播间派发红包的类型有红包雨、砸金蛋、口令红包等	这种方式不仅激发了用户的互动积极性，还可以活跃直播间的气氛，并增加直播间的流量
抽奖	抽奖是进行直播互动营销的重要手段，主播可以设置抽奖环节，邀请观众参与奖品或特殊福利的抽奖活动。常见的抽奖形式有签到抽奖、点赞抽奖、下单抽奖、评论抽奖等	这不仅激发观众的兴趣，提高留存率，还可以促进观众下单
游戏	主播设置有趣的互动游戏，吸引更多观众参与其中，比如你画我猜、寻宝游戏、找不同等游戏	这种互动活动可以增加观众的停留时间，提升观众的互动积极性，并促进下单
与名人合作	企业邀请名人进入直播间为自己的品牌宣传，或为其他品牌背书，或者邀请名人与头部主播合作，联合营销，从而使企业与名人实现双赢	这种互动活动可以增加品牌的知名度，扩大粉丝群体，从而增加观众参与度，提高转化率
品牌商/企业领导助播	与其他主播相比，品牌商/企业领导具有独特的定位标签和强大的信任背书，在直播间担任助播，与观众进行即时沟通互动，解决观众在购买中遇到的难题	这种互动活动可以增强观众的参与感，也能够传递品牌价值观和专业见解，进一步加深观众对品牌/企业的认知，增强其对品牌的信任和购买意愿
弹幕互动	为观众提供实时的聊天窗口或弹幕功能，并设定一些问答环节，让观众可以及时与主播互动、表达意见或者分享感兴趣的话题	这种互动活动能够加深观众对直播内容的理解，拉近观众与主播之间的距离，提高观众的参与度和优化观众的观看体验

步骤 2：开展直播互动活动

开展直播互动活动时，需要掌握一定的技巧与方法，不仅要结合产品或服务的特点以及目标受众的喜好，还要与直播主题与形式相结合；避免过度推销、机械互动、忽视观众需求等情况出现。表 3-16 是策划直播互动活动的技巧与误区。

表 3-16　策划直播互动活动的技巧与误区

互动活动	技巧	误区
派发红包	（1）主播提前告知观众派发红包的具体时间，引导观众邀请朋友进入直播间抢红包 （2）由于不同时间段，观看直播的人群不同，需要在不同时间段派发红包 （3）按直播节奏派发红包，如预热红包、蓄力爆发红包、延长停留时间红包等 （4）根据直播间人数设置红包金额、派发红包的时长和数量等	（1）频繁派发红包，且红包金额过小而失去红包价值 （2）套用相同的红包策略，忽视观众的个性化和差异化需求 （3）只派发红包，缺乏与观众的互动 （4）派发红包时，忽视合理的规则和条件 （5）忽略后续跟进和回应观众意见
抽奖	（1）确保抽奖活动的规则简单明了，容易理解，并在直播前向观众说明 （2）根据直播的持续时间和观众的数量，合理安排抽奖的频率 （3）设计多种类型的奖品，包括实物奖品、代金券、优惠券等，以满足不同观众的需求 （4）确保抽奖活动符合法律法规，遵守相关抽奖、竞赛和广告宣传的规定 （5）抽奖结束后，及时与中奖者联系，并公布获奖名单或号码	（1）使用虚假、夸大或误导性的宣传手段 （2）设计违反法律法规或直播平台规定的抽奖活动 （3）隐藏重要信息，并过度频繁地抽奖 （4）使用不公平或偏私的抽奖方式，如内定中奖者、恶意操作或歧视性挑选 （5）只设置低价值、普通或没吸引力的奖品，忽视观众的兴趣点 （6）忽视与获奖者的沟通和后续跟进工作
游戏	（1）选择简单易懂的游戏，确保游戏规则简单明了、容易理解 （2）设计能够让观众积极参与的互动元素 （3）合理设置游戏奖励，如积分、礼物或特殊称号等 （4）根据游戏的性质和难度，合理设定时间限制，以增加挑战性 （5）关注观众的反馈和需求，尝试多种不同类型的游戏	（1）设置过于复杂的游戏规则和操作 （2）忽视观众喜好和兴趣，随意设置游戏 （3）游戏缺乏互动性，忽略观众感受 （4）奖励设置不合理或价值不高 （5）忽视用户反馈，游戏无法满足观众的期望和需求 （6）游戏缺乏创新和变化，难以吸引观众持续关注 （7）游戏时长设置不合理，过长或过短，对直播销售没有价值
与名人合作	（1）选择与直播内容相关或有相似受众群体的名人进行合作，引起观众的兴趣 （2）为观众带来与名人合作独有的福利，例如签名照、限量版产品等 （3）利用名人特点，将其与直播内容有机结合 （4）让名人多与观众互动，展示他们的特长和个性	（1）过于关注名人本身而忽视了观众的需求和兴趣 （2）忽视与名人建立良好的沟通机制，没有明确各自责任和期望 （3）过分依赖名人效应，而忽视活动形式、观众互动等

续表

互动活动	技巧	误区
品牌商/企业领导助播	（1）事先了解直播的主题、内容和目标受众，准备好相关话题和资料 （2）展示专业知识和经验，建立良好形象 （3）使用清晰的语言和明确的表达方式 （4）与观众保持互动，回答他们的提问，解答他们的疑虑 （5）增加直播的趣味性和吸引力，可讲述品牌故事、创业过程等	（1）在直播活动中讨论或涉及敏感话题 （2）使用虚假宣传和夸大事实的语言 （3）在直播活动中使用未经授权的他人知识产权等 （4）表现出居高临下、傲慢自大的态度
弹幕互动	（1）积极与观众互动，及时回应并保持礼貌和尊重 （2）设立奖品或奖励机制，激励观众参与弹幕互动 （3）设立适当的互动环节和问题，引导观众参与弹幕互动 （4）确保弹幕内容简洁、易读，在有限篇幅内能够准确传达信息 （5）密切关注直播间弹幕的变化，挑选有趣、独特或与主题相关的弹幕进行回应或展示	（1）忽视对弹幕内容的筛选和管理，导致不断出现不良、低俗或恶意言论 （2）过度依赖弹幕互动，将主要精力放在回应弹幕上 （3）忽视弹幕中出现的负面评价与反馈 （4）设置虚假弹幕或使用"僵尸账号"伪造互动效果

活动实践

请同学们以自主学习及合作探究的方式帮助小夏完成以下活动，并将结果填写在相应的表格中。

（1）认识直播互动活动。

请同学们根据表 3-17 列出的直播互动情景，填写对应的直播互动活动。

表 3-17　直播互动活动表

直播互动情景	直播互动活动
主播让观众在详情页中找某记号或者某字母，给优先找出的观众赠送一张优惠券	
直播中穿插献唱歌曲，主播或助理穿道具服出镜	
主播在节日活动时发放了大额补贴红包，引来了 7 400 万名粉丝进入直播间与主播互动，促成了 5 000 多万名粉丝下单	
主播在直播间发起"寻宝"游戏，答案就在产品详情页中，给第一个回答正确的观众送礼物	
主播对弹幕上观众发出的疑问进行回答	

（2）开展直播互动活动。

不同种类的产品进行直播销售时应适配不同的互动活动。请同学们结合已有知识以及以往观看直播的经验，思考下面两类产品在直播时适配哪些互动活动，并将结果填写在表 3-18 中。

表 3-18　策划直播互动活动

直播产品	互动活动 1	互动活动 2	互动活动 3
运动产品	游戏： 猜猜两位主播一分钟内谁消耗的热量更多	抽奖： 免费送出 10 个运动产品给中奖者试用	惊喜福利： 发放 500 份 1 元售卖的运动产品
手机			
"桂品味道"店铺的特色农副产品			

👤 活动 2　策划直播促销活动

小夏认为想要提高直播间的商品销量，除了与观众保持互动外，还需要设计各种促销活动，激发观众的购买热情。作为直播活动策划人员，小夏首先需要弄清楚当下直播销售中的促销活动有哪些类型，然后梳理策划直播促销活动的大致流程。

活动步骤

步骤 1：认识直播促销活动

要想提高直播间的商品销量，主播还需要掌握各种促销技巧，如结合特殊的时间、热点、时令变化等开展各种促销活动，从而激发用户的购买热情。常见的直播促销活动有以下几种。

（1）团购活动：组织团购活动，让观众邀请好友一起购买，以达到一定的参与人数或购买数量，即可享受更优惠的价格，这也是一种裂变营销。

（2）预售活动：在直播前期，宣传和预告即将上线的新品或特别活动，让观众提前关注并预订，享受预售价或预售优惠。

（3）满额返券：在直播期间，设置满额返券的规则，观众购买达到一定金额后可以获得返券，返券可以用于下次购物时抵扣现金。

（4）礼品赠送：在直播中设置购物满赠活动，当观众购买指定商品或达到一定金额时，可以获取免费赠品或礼品包。

（5）多重福利组合：结合上述各种促销活动，设计多项福利组合活动，例如满额返券+礼品赠送等，增加观众购买的积极性，并提高销售额。

（6）与其他品牌或主播合作：与其他品牌或主播在直播中进行联合促销，推出限量版或独家款式的产品，让用户觉得具有独特性和稀缺性，增强购买欲望。

以上这些直播促销活动结合直播平台的即时互动性和主播个人影响力，可以有效提升产品的曝光度、促进销售、增加用户参与度。但是，具体的活动还需要根据产品的特点、受众需求和平台规则等方面进行灵活设计。

步骤2：策划直播促销活动

在开展直播促销活动之前，需要做好直播促销活动的策划方案，以便促销活动能够在预期目标内顺利进行，实现利益最大化。通常，策划直播促销活动的大致流程如下。

（1）明确目标和受众。

首先需要明确此次直播促销活动的目标，是提升销售额、提高品牌影响力、培养忠诚客户，还是吸引新客户等；接下来，确定目标受众，了解他们的需求、兴趣和行为特点，针对性地制定活动内容和推广策略。

（2）设计活动内容。

根据目标受众的需求和市场情况，设计活动的具体内容和形式，包括产品展示、互动、福利赠送等，活动内容需要与目标一致，并能吸引观众参与。

（3）设置促销方式和优惠。

选择适合的促销方式，如满额返券、礼品赠送等，并设计相应的优惠力度，以增强活动的吸引力。

（4）设计互动环节和奖品。

设置直播中的互动环节，如答题抽奖、评论互动、提问回答等，增加观众的参与度。准备相应的奖品，作为观众参与活动的奖励。

（5）制定时间安排表。

制定促销活动时间安排表，合理安排活动持续的时间和频率，避免与其他重要事件或竞争对手活动冲突，确保能够最大限度地吸引观众参与。

（6）成本预算。

制定详细的成本预算表，尽量详细地列出所有可能涉及的活动费用，并根据实际情况评估促销活动可能带来的收益与效果。在活动实施时，尽可能控制开支及合理配置资源。

活动实践

请同学们以自主学习及合作探究的方式帮助小夏完成以下活动，并将结果填写在相应的表格中。

（1）了解直播促销活动。

请同学们根据表 3-19 列出的直播促销情景，分析其采取了哪种促销活动，将结果填写在表 3-19 中。

表 3-19 直播促销活动表

直播促销情景	促销活动
本直播间每周一上新，新品 8 折优惠；每周日特价，全场九折	
原价 799 元的 99 朵玫瑰现价只要 399 元，下单还赠送定制花盆	
本直播间满××元，减××元；预付××元，抵××元	
明天同一时间，直播间将上线店铺秋季新品，家人们现在点击屏幕上的链接直接拍下，就可以享受预售价	
家人们，福利来了，现在下单就送同款裤子一条，点击链接购买了	
满 599 元赠精美饰品一件	

（2）策划直播促销活动。

请同学们根据策划直播促销活动的技巧，帮助小夏为"桂品味道"店铺的特色农副产品策划整场直播的促销活动，并说明策划该活动的理由，最后将结果填写在表 3-20 中。

表 3-20 直播促销活动表

产品	促销活动	理由
螺蛳粉（爆款）		
桂花糕（新品）		
果脯、辣酱等（冷门产品）		

【任务拓展】

"桂品云企业店"在完成直播销售的内容策划与话术策划之后，就要着手"双十一"购物节的直播活动策划工作了。应领导要求，此次直播销售活动策划分为直播互动活动与直播促销活动两类，希望通过不同的活动策略，吸引更多的流量，提高店铺产品的销量，从而实现店铺收益最大化。

请同学们基于上述背景，帮助该商家为整场直播销售策划合适的互动活动与促销活动，并填写在表 3-21 中。注意，此次"双十一"大促可分为三个阶段，即预售期、爆发期和售后服务期。

表 3-21　直播销售活动策划

直播阶段	互动活动	促销活动
预售期		
爆发期		
售后服务期		

【任务评价】

根据实践活动过程及实践活动结果，进行学生自评、学生互评与教师点评。

考核内容	具体要求	评价		
		学生自评	学生互评	教师点评
知识掌握	能够正确阐述直播互动活动的概念与常见类型、直播促销活动的常见类型			
技能要求	能够独立完成直播互动活动、直播促销活动的策划			

任务四　直播销售脚本策划

【职场情境】

小夏在克服重重困难之后，完成了直播销售的内容策划、话术策划以及活动策划工作，接下来她来到了公司的文案策划组，开始接触直播销售脚本（简称直播脚本）的策划。通过跟岗学习，小夏了解到直播脚本对一场直播的重要性，脚本涉及直播的每一个环节，有了脚本，主播才清楚在某个时间该做什么，以及能够讲解产品和服务的更多内容。开始工作前，小夏决定先整理归纳出直播脚本策划的相关内容。

【任务分析】

小夏了解到，策划直播脚本有利于直播销售活动的顺利进行，优化销售效果，并为后续的直播销售活动提供参考；同时，直播脚本可以帮助主播传达准确、专业的信息，促进团队的协作。

虽然小夏明白策划直播脚本是非常重要的，但是由于缺少脚本策划这方面的实战经验，她还不能完全胜任这份工作，她需要学习直播脚本相关专业知识，熟悉直播脚本的框架和策划要点。

【任务实施】

👤 活动 1 策划整场直播脚本

小夏作为一个刚涉猎直播脚本策划的新人，不仅要学习直播脚本的设计，还需要了解整场直播脚本的概念和特点，以及整场直播脚本的构成和撰写的技巧，然后根据所学内容为直播的每一个环节做具体的计划安排，以尽可能地保障直播高效、顺畅开展。

活动步骤

步骤 1：了解整场直播脚本

整场直播脚本以整场直播为单位，规划与安排整场直播活动，重点说明直播的逻辑、玩法和节奏，让直播团队各岗位人员根据工作职责默契配合。通常来说，整场直播脚本要详细说明直播时间、直播地点、直播主题、直播目标、商品数量、直播流程细化等内容，以便主播把控直播节奏。整场直播脚本框架如表 3-22 所示。

表 3-22 整场直播脚本框架

直播时间			
直播地点			
直播主题			
直播目标			
商品数量			
主播、助播介绍	主播为××，助播为××		
注意事项			

直播流程细化			
时间段	流程规划	人员分工	
		主播	助播	场控/客服

步骤 2：设计整场直播脚本

明确了整场直播脚本的大致框架之后，小夏梳理出了整场直播脚本的策划要点，如图 3-2 所示。

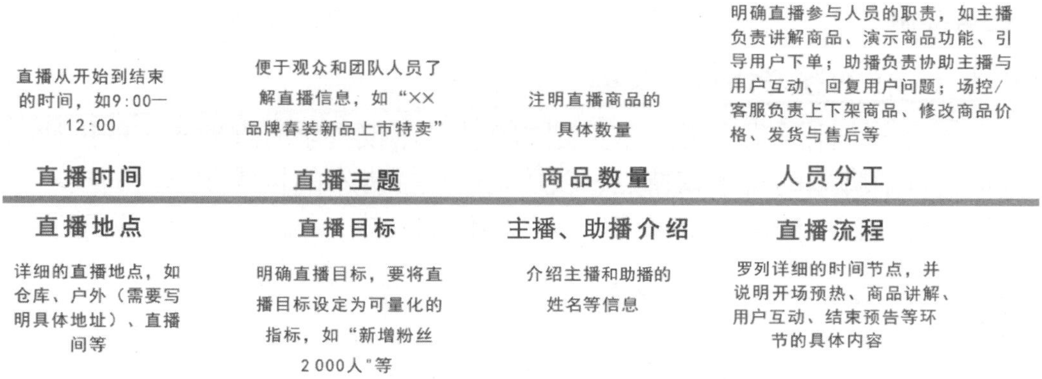

直播时间	直播主题	商品数量	人员分工
直播从开始到结束的时间，如"9：00—12：00	便于观众和团队人员了解直播信息，如"××品牌春装新品上市特卖"	注明直播商品的具体数量	明确直播参与人员的职责，如主播负责讲解商品、演示商品功能、引导用户下单；助播负责协助主播与用户互动、回复用户问题；场控/客服负责上下架商品、修改商品价格、发货与售后等
直播地点	直播目标	主播、助播介绍	直播流程
详细的直播地点，如仓库、户外（需要写明具体地址）、直播间等	明确直播目标，要将直播目标设定为可量化的指标，如"新增粉丝2 000人"等	介绍主播和助播的姓名等信息	罗列详细的时间节点，并说明开场预热、商品讲解、用户互动、结束预告等环节的具体内容

图 3-2 整场直播脚本的策划要点

在细化直播流程时，小夏明白除了介绍产品外，还需要统筹开场预热、品牌介绍、活动预告、产品讲解、互动、直播优惠发放、直播产品返场、次场直播预告等环节。表 3-23 为小夏根据店铺"桂品味道"所售农副产品的相关资料策划的整场直播脚本。

表 3-23 "桂品味道"农副产品整场直播脚本

直播时间	2023 年 7 月 20 日 20：00—23：00
直播地点	公司直播间
直播主题	广西特色农副产品品牌促销
直播目标	吸引 10 000 人进入直播间，销售额达到 25 万元
商品数量	6 款
主播、助播介绍	主播为××，助播为××
注意事项	（1）清楚讲解产品卖点、功能 （2）合理把控产品讲解节奏 （3）注意回复用户的提问，多与用户互动，避免冷场

直播流程细化

时间段	流程规划	人员分工		
		主播	助播	场控/客服
20：00—20：10	开场预热	自我介绍，向进入直播间的用户问好，引导进入直播间的用户关注直播间，简单介绍品牌、主推款产品以及抽奖、红包活动	回答用户问题	向各平台分享开播链接
20：10—20：20	品牌介绍	介绍品牌的来历、发展，强调让用户关注店铺、收藏店铺	演示关注、收藏店铺的方法	向各平台推送直播活动信息

时间段	流程规划	人员分工		
		主播	助播	场控/客服
20：20—20：40	活动预告	简单介绍本场直播的产品，说明直播间的优惠情况	展示产品，补充主播遗漏的内容	向各平台推送直播活动信息
20：40—20：45	福利赠送	鼓励用户分享直播间，直播间人数达到××人开始抽奖，中奖者可获得1张无门槛优惠券	介绍抽奖规则，演示抽奖方法，回答用户问题	收集中奖信息，并联系中奖者
20：45—21：00	产品1讲解	全方位展示产品1，详细介绍产品特点，回复用户问题，引导用户下单	与主播互动，协助主播回答用户问题	发布产品购买链接，回复用户咨询，收集在线人数和转化数据
21：00—21：05	红包活动	与用户互动，发放红包	提示发放红包的时间节点与规则	发放红包，收集互动信息
21：05—21：20	产品2讲解	讲解产品2	配合主播讲解，引导用户下单	收集互动信息
21：20—21：25	福利赠送	新增关注达到××人开始抽奖，中奖者可获得直播间在售产品2一份	提示发放福利的时间节点，介绍抽奖规则	收集中奖信息，与中奖者取得联系
21：25—21：40	产品3讲解	讲解产品3	同"产品2讲解"流程	同"产品2讲解"流程
21：40—21：55	产品4讲解	讲解产品4	同"产品2讲解"流程	同"产品2讲解"流程
21：55—22：00	红包活动	与用户互动，发放红包	提示发放红包的时间节点与规则	发放红包，收集互动信息
22：00—22：15	产品5讲解	讲解产品5	同"产品2讲解"流程	同"产品2讲解"流程
22：15—22：20	福利赠送	新增关注达到××人开始抽奖，中奖者可免费获得产品5一份	提示发放福利的时间节点与规则	收集中奖信息，与中奖者取得联系
22：20—22：35	产品6讲解	讲解产品6	同"产品2讲解"流程	同"产品2讲解"流程
22：35—22：40	红包活动	与用户互动，发放红包	提示发放红包的时间节点与规则	发放红包，收集互动信息

续表

时间段	流程规划	人员分工		
		主播	助播	场控/客服
22：40—22：50	产品返场	对销量较高的产品进行返场讲解	协助场控向主播提示返场产品，协助主播回答用户问题	向助理与主播提示返场产品，回复用户的咨询
22：50—23：00	直播预告	简单介绍下次直播的产品，引导用户关注直播间，强调下次直播的开播时间和福利	协助主播引导用户关注直播间	回复用户的咨询

活动实践

请同学们以自主学习及合作探究的方式帮助小夏完成以下活动。

（1）认识整场直播脚本。

请同学们根据已学知识以及日常观看直播的经历，分析整场直播脚本对直播销售的重要性。

（2）设计整场直播脚本。

请同学们结合整场直播脚本的策划要点，根据以下案例，帮助小夏策划整场直播脚本的框架。

材料

"桂品味道"企业想要在八月开展一次以"地域美食文化"为主题的直播活动，来实现扩大品牌影响力、吸引新客户的目标。本次直播产品有4款，都是广西当地的特色产品，如表3-24所示。

表3-24　产品卖点挖掘表

产品名称	主要原料	制作工艺	商品规格	日常价格	直播间价格
桂林干米粉	大米	制作过程包括浸泡、磨浆、发酵、蒸熟等步骤。首先将大米浸泡一段时间，然后将浸泡后的大米磨成米浆，再将米浆进行发酵，待发酵完成后，将米浆蒸熟成米粉。最后将蒸熟的米粉过凉水，捞出沥干即可	2 500 克/包	23.8 元/包	19.9 元/包
桂花糕	糯米粉和桂花	将糯米粉和水混合搅拌成糊状，然后加入桂花和糖拌匀，将混合物倒入蒸锅中蒸熟。待糕体成型后，取出切成块状即可	220 克/盒（6 只）	28 元/盒	18.9 元/盒

续表

产品名称	主要原料	制作工艺	商品规格	日常价格	直播间价格
荔浦芋头糕	芋头和糯米粉	将芋头削皮切块，然后蒸熟并压成泥状。将芋头泥与糯米粉、白糖等混合搅拌均匀，然后倒入模具中蒸熟。待糕体成型后，取出切块即可	158克/盒（12个）	13元/盒	8.8元/盒
柳州螺蛳粉	螺蛳、米粉	精选新鲜螺蛳肉，将螺蛳肉洗净爆炒，再加入猪筒骨、八角、砂仁、草果、小茴香、紫苏等多种香料共同熬制数小时，做成螺丝汤底；酸笋则挑选广西独有的大头竹笋，放入瓦缸中腌制发酵，闻着臭吃着酸脆爽口；选用陈米制成细细的圆粉，更具弹性，入口更有嚼劲，吃起来软糯滑弹	300克/袋	9.9元/袋	6.8元/袋

策划要求

（1）脚本需包含主题、时间、人员分工、地点、预告、品牌介绍、开场预热、下场预告等。

（2）策划内容需要紧贴"地域美食文化"这一主题。

（3）互动活动多样，以吸引观众、提高店铺转化率为主要目的。

（4）合理把控商品讲解的节奏。

👤 活动 2　策划单品直播脚本

小夏将自己整理的有关整场直播脚本方面的知识提交给了部门领导。经过提问、考查，领导对小夏给予肯定。接下来，领导要求小夏再策划并设计出单个产品的脚本，以此来规范商品的解说，突出商品的卖点。小夏认为自己首先需要弄清楚什么是单品直播脚本，然后再梳理出单品直播脚本的策划要点，为接下来的策划工作打好基础。

活动步骤

步骤1：了解单品直播脚本

单品直播脚本是指针对单个商品的直播脚本，以单个商品为单位，规范商品的解说，突出商品的卖点。为了帮助主播掌握商品卖点，熟悉每一款商品的福利，直播运营团队需要为每一款商品策划对应的直播脚本。单品直播脚本的策划要点包含介绍商品或品牌、突出商品核心卖点、强调利益、引导转化等，各要点之间呈递进关系，如图3-3所示。

图 3-3　单品直播脚本的策划要点

由于主播在一场直播中要推荐很多款商品，所以必须清楚商品的特点、价格、优惠活动等信息，才能向用户明确传达商品的卖点及亮点，从而激发用户产生购买欲望。如图 3-4 所示为某款长粒香米的单品直播脚本。

要点	脚本具体内容
介绍商品或品牌	说到哪里的大米好吃，大家很可能想到黑龙江的五常大米。我今天给大家带来的大米，就是黑龙江生产的大米。这款大米遵循"为健康选好粮"的理念，严格把控大米从农田到餐桌的每一个环节
突出商品核心卖点	给大家拆开看看，这款大米颗颗均匀饱满、晶莹剔透，闻起来有一股清香。我再帮大家尝一尝煮好的大米，吃起来软糯糯的，非常可口！入口鲜香，有淡淡的甜味！我们还查了一下这款大米的产地情况，那里土壤肥沃、水质优良，并且采用传统方式种植，严格控制化肥的用量
强调利益	大家有没有要买大米的？再告诉你们一个好消息，品牌方为了感谢大家的支持，今天大家只要在直播间购满 500 元，我们都会额外赠送一个农产品盲盒，里面可能是红肠、蜂蜜等礼品。这个品牌方也太大方了吧
引导转化	这款大米为 5 千克装，平时一袋的售价是 99 元，你们猜它在直播间的售价是多少？只要 79 元！惊不惊喜，意不意外？再加 50 元，你们就可以带两袋大米回家。129 元拍两袋大米，太划算了！大家准备好了吗？倒数 3 个数上链接，拍下后今天统一发货，先拍先得哦

图 3-4　某款长粒香米的单品直播脚本

步骤 2：设计单品直播脚本

由于策划的"桂品味道"农副产品整场直播脚本中有 6 款产品，小夏需要根据单品直播脚本的要点为这些产品策划脚本。下面以螺蛳粉的直播脚本为例进行策划展示，如表 3-25 所示。

表 3-25　单品直播脚本策划

要点	脚本内容
介绍商品或品牌	说到哪里的螺蛳粉好吃，大家很可能想到广西柳州的螺蛳粉。我今天给大家带来的产品，就是出自广西"桂品味道"的螺蛳粉，"桂品味道"严格把控原材料从农田到成品的每一环节，质量可靠
突出商品核心卖点	我给大家拆开看看，这款螺蛳粉的配料丰富，包装健康、环保。我帮大家煮一包尝尝，闻起来很臭，但吃起来真的很香

续表

要点	脚本内容
强调利益	再告诉大家一个好消息，品牌方为了感谢大家的支持，今天大家在直播间购满 99 元，我们会再赠送一个农产品盲盒，里面都是我们直播间在售的广西特产，品牌方真的太大方了
引导转化	一包螺蛳粉为 330 克，平时售价 18 元，你们猜今天直播间售价多少？今天直播间 99 元 10 包，再额外赠送一个盲盒，非常划算，大家准备好了吗？倒数 3 个数上链接，拍下后今天统一发货

活动实践

请同学们以自主学习及合作探究的方式帮助小夏完成以下活动，并将结果填写在相应的横线上、表格中。

（1）了解单品直播脚本。

请同学们根据已学知识以及日常观看直播的经历，分析单品直播脚本对主播的作用有哪些，将答案填写在下面横线处。

_____

_____

_____

_____

_____

（2）设计单品直播脚本。

请同学们结合单品直播脚本的策划要点，根据以下材料信息，帮助小夏策划一份单品直播脚本，并将脚本内容填在表 3-26 中。

商品信息

商品名称：广西金顺昌桂花糕

商品规格：220 克/盒（14cm×17cm）

保质期：30 天

网店日常价：26 元/盒

直播间到手价：14.9 元/盒（额外赠送手工传统五仁饼）

产品卖点：制作工艺精湛、口感细腻软糯、入口即化

原料：桂花、糯米粉

表 3-26 桂花糕单品直播脚本

单品直播脚本策划	
要点	脚本内容
介绍商品或品牌	
突出商品核心卖点	
强调利益	
引导转化	

【任务拓展】

为迎接"双十一"购物节，"桂品云企业店"在完成直播销售的内容策划、话术策划及活动策划之后，为了把控好直播内容和时间，明确直播的流程和内容，需要为直播的每一个环节做具体的计划安排，以顺利开展一场直播。

请同学们结合前面所学，为该企业策划整场直播脚本，并将结果呈现在表3-27中。

表 3-27 "桂品云企业店"整场直播脚本

整场直播脚本			
直播时间			
直播地点			
直播主题			
直播目标			
商品数量			
主播、助播介绍			

直播流程细化				
时间段	流程规划	人员分工		
		主播	助播	场控/客服

【任务评价】

根据实践活动过程及实践活动结果，进行学生自评、学生互评与教师点评。

考核内容	具体要求	评价		
		学生自评	学生互评	教师点评
知识掌握	能够正确理解并阐述整场直播脚本的概念、单品直播脚本的概念			
技能要求	能根据要求完成整场直播脚本的策划、单品直播脚本的策划			

✖ 岗课赛证

考证提要

（1）能根据话题素材和商品资料，结合直播策划和流程，编写直播脚本初稿。

（2）能根据直播策划方案，协助主播进行抽奖、发放红包等操作。

（3）能根据直播脚本内容，结合直播现场情况，配合主播展示或试用商品。

（4）能根据直播策划方案，使用直播平台连麦、投票、抽奖等互动工具，提升直播间粉丝活跃度。

（5）能随机应变，具备问题解决能力。

（6）具备脚本内容的创新能力。

竞赛直达

直播电商相关赛事竞赛题目介绍

任务背景：

九五家居旗舰店主要销售牙刷置物架、便携餐具、挂钩等商品，网店的销量一直很可观，已经积累了很多忠实客户。恰逢网店迎来平台举办的"家装节"活动，九五家居为了回馈老客户和吸引新客户，计划开展一次直播活动。为了保证较好的直播效果，网店选取了销量最高的牙刷置物架和保鲜袋作为直播商品。

任务素材：

每款商品介绍文档各一份，人物设定文档一份。

任务要求：

根据提供的素材，策划直播内容，设置互动活动和购买信息，以给定的人物设定身份，用普通话完成一场销售两款商品的 10 分钟的直播。

项目四

直播销售过程实施

项目概述

　　我国的直播电商产业市场正处于高速发展阶段。根据我国互联网经济研究院公布的直播电商行业交易规模来看，2023 年，直播电商产业市场规模达到 4.9 万亿元，同比增长 35.2%。根据前瞻产业研究院预测得出，2024 年，直播电商产业市场规模将达到 5.3 万亿元。初步预计，截至 2029 年，我国直播电商产业市场规模有望达到 19 万亿元，年均复合增长率为 30%。直播销售已然成为新兴、高盈利、高销售量的营销方式。

　　《"十四五"国家信息化规划》提出，支持社交电商、直播电商、知识分享等健康有序发展，积极发展远程办工、云展会、无接触服务、共享员工等新兴商业模式和场景应用。

学习目标

知识目标
1．了解直播开场。
2．熟悉商品讲解技巧和方法。
3．掌握直播营销活动开展流程。
4．熟知直播粉丝互动的技巧及设置方法。

技能目标
1．能够熟练完成直播开场。
2．能够熟练讲解商品特点及优势。
3．能够按照直播营销活动流程完成直播。
4．能够熟练设置营销工具。

素养目标
1．具备认真、严谨的职业素养，在实施直播活动时，能够做到一丝不苟，严格按照流程完成直播销售过程，保证每个步骤的有效性与全面性。
2．具备创新意识，积极思考并采取新互动形式，维护老用户，吸引新用户，增强用户黏性。
3．具备换位思考的能力，站在用户角度理解其消费心理，制定营销活动方案，能够提升用户活动参与率。

项目实施流程

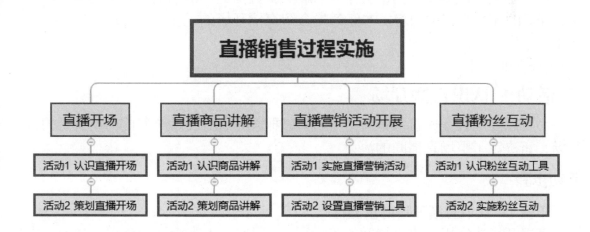

项目实施准备

直播销售过程实施的准备清单如表 4-1 所示。

表 4-1　直播销售过程实施的准备清单

项目	具体内容	用处
设备	良好的网络环境、正常且稳定的多媒体设备、提词器、领夹式话筒	教学演示、自主学习、合作探究
资料	直播开场、商品讲解、营销活动开展、粉丝互动相关的教材、微课、直播大纲、直播话术等	学生自主学习
案例	有关营销活动、粉丝互动、不同品类商品讲解等实际案例、视频	教师案例展示
人员安排	2~3 人一组，通过网络搜索学习资料，并借助案例，开展活动	小组合作探究

任务一　直播开场

【职场情境】

为了让小夏熟悉直播销售活动的实施过程，从而顺利实施直播销售活动，陈经理安排她参加直播相关培训，学习实施直播销售活动的方式及流程，并完成"桂品味道"农副产品的直播销售，且阶段性学习结束后将会对小夏进行考核。小夏首先需顺利完成直播开场，好的直播开场会带来事半功倍的效果。

【任务分析】

虽然小夏看过多场直播，但并不了解实施直播销售活动的方式、正确开场的方法、开场的流程等相关内容。本任务先介绍直播开场的重要性、直播开场要点，以便小夏了解相关的培训内容。

【任务实施】

活动 1　认识直播开场

小夏想要顺利完成直播销售活动，首先要学习如何设计一个具有吸引力的直播开场，它决定了整场直播间的流量。

活动步骤

步骤 1：认识直播开场的重要性

直播开场决定用户对直播间的第一印象，用户进入直播间后会在 1 分钟之内决定是否要离开。所以，直播开场的好坏决定了直播间活跃度。优秀的直播开场可以为直播间带来流量，提高用户留存率和直播互动率。

步骤 2：了解直播开场要点

当前直播类别及品类众多，每类直播间都有各自的直播开场方式，各类直播开场方式的要点如下。

（1）平台资源支撑。平台资源指直播平台或是赞助商。目前运营较好的直播平台有抖音、淘宝、快手、微信视频号；赞助商则是与直播团队达成合作的商家。好的平台资源支撑，会给直播销售活动带来源源不断的流量及更加优惠的商品，从而吸引用户，便于主播引导其下单，提高直播商品销量。

（2）渗透营销主题。主播告诉用户本场直播的营销主题，需使用真实性及合理性较高的主题，拉近与用户的距离。主题是上新还是清仓，是开展优惠活动还是传递品牌价值，需要让用户清楚并相信且不显突兀。

（3）引发用户兴趣。只有让用户产生兴趣，用户才会停留，进而为账号引流。每个阶段环环相扣，只有每个阶段顺利进行，才能让账号顺利运营。

（4）带入直播场景。带入直播场景通常可分为两种方式，即直播场景带入与直播话术带入。直播场景包括直播背景与直播间环境，两者需要根据直播主题打造，布局、道具、颜色风格等都需契合主题。直播话术带入是指主播利用直播话术营造氛围，将用户带入主播所描述的情境中，从而打动用户，引导其继续留在直播间观看直播。

（5）鼓励用户分享与互动。鼓励用户分享与互动的方式有多种，如给他人分享直播间、在直播间评论区互动、转发与商品相关的广告等。设计不同的参与方式及回馈丰厚的礼品，促使用户参与分享与互动，让用户成为直播间的宣传者。

活动实践

请同学们以自主学习及合作探究的方式帮助小夏完成以下活动，并将结果填写在相应的横线上、表格中。

（1）认识直播开场。

选择一个你熟悉的直播电商案例，分析案例中的直播开场，并阐述其优缺点。

开场所包含的内容：＿＿＿＿＿＿＿＿＿＿＿＿＿＿＿＿＿＿＿＿＿＿＿
＿＿＿＿＿＿＿＿＿＿＿＿＿＿＿＿＿＿＿＿＿＿＿＿＿＿＿＿＿＿＿＿＿
＿＿＿＿＿＿＿＿＿＿＿＿＿＿＿＿＿＿＿＿＿＿＿＿＿＿＿＿＿＿＿＿＿

该案例中直播开场的优点：＿＿＿＿＿＿＿＿＿＿＿＿＿＿＿＿＿＿＿＿＿
＿＿＿＿＿＿＿＿＿＿＿＿＿＿＿＿＿＿＿＿＿＿＿＿＿＿＿＿＿＿＿＿＿
＿＿＿＿＿＿＿＿＿＿＿＿＿＿＿＿＿＿＿＿＿＿＿＿＿＿＿＿＿＿＿＿＿

该案例中直播开场的缺点：＿＿＿＿＿＿＿＿＿＿＿＿＿＿＿＿＿＿＿＿＿
＿＿＿＿＿＿＿＿＿＿＿＿＿＿＿＿＿＿＿＿＿＿＿＿＿＿＿＿＿＿＿＿＿
＿＿＿＿＿＿＿＿＿＿＿＿＿＿＿＿＿＿＿＿＿＿＿＿＿＿＿＿＿＿＿＿＿

（2）了解直播开场要点。

阅读下面一则案例，分析案例中涉及哪些直播开场要点，将对应内容填写在表 4-2 中。

2024 年 7 月 8 日是"保险公众宣传日"，某车险旗下"××好车主"App 联合虎嗅传媒，以直播形式发布最新品牌战略。直播活动以车主用车生活为主要场景，融合"××好车主"App 特色功能，吸引了超过 20 万名网友观看。

开场前，该车险品牌发布微博为活动造势，同时为直播积累了第一批粉丝；直播开场，主播就宣布发出 1 000 元红包，鼓励观众分享直播间、邀请身边的朋友到直播间参与抢红包活动。由于本场直播与车相关，主播在开场时与嘉宾充分互动，引导嘉宾发表对"加油太费钱""开车成本高"等话题的看法，并简单介绍了"××好车主"App 的部分功能。

表 4-2 情景及要点对应表

情景描述	对应要点
如：某车险公司旗下"××好车主"App 联合虎嗅传媒	平台资源支撑

活动 2 策划直播开场

小夏总结了直播开场的基础知识后，接受了部门陈经理的问答、考查。陈经理对小夏的整体评估为：理论扎实，但缺乏实践经验，需要实际体验直播全流程，清楚开场流程，掌握能留住用户的开场方式，能够独立完成一场有效的直播开场。

活动步骤

步骤 1：了解直播开场前的准备

在每场直播开场前需要做以下准备。

（1）活动大纲准备。每场直播前需要准备好本场的直播活动大纲，主播需熟记话术并能够灵活应用。活动大纲中通常包含直播活动主题、直播时间、直播人员安排、直播话术设定、活动设定等，其中最重要的便是直播活动主题、开场话术、营销活动安排、福利安排等，这些内容都需要在活动大纲中清晰体现。

（2）商品检查。商品检查主要包括直播间样品检查及后台商品链接检查。样品需完好，如水果要保持新鲜，无坏果；零食则需确认保质期、包装袋无破损等。后台商品链接需确认是否可以正常点击跳转，是否可以正常上、下架，商品库存是否充足，价格是否正确等。

（3）设备调试。确认拍摄设备、计算机、直播机、声卡、提词器、领夹式话筒等是否可以正常运行，直播中如因设备问题导致直播中断，将会给直播销售带来流量及销量损失。

（4）网络测试。开场前通过试播测试网络是否通畅，画面是否卡顿，时延是否合适等，保证正式开播时一切顺利。

步骤2：熟悉直播开场的方式

根据对不同直播间各类直播形式的分析，直播开场方式一般分为表4-3所示的几种。

表4-3 直播开场方式

开场方式	特点及内容
直白介绍	直播开场时，直接告诉用户直播相关信息，包括主播信息、主办公司简介（如有）、直播主题、直播时长、直播流程等。一些福利环节（如抽奖、发红包等）也可以在开场中介绍，使用户在直播间停留
提出问题	开场提问是在一开始就提高用户参与感的好方法。一方面，开场提问可以引导用户思考与直播相关的问题；另一方面，开场提问也可以让主播更快地了解本次用户的基本情况，如用户所处地区、爱好、对本次直播的期待等，便于在后续直播中随机应变
抛出数据	数据是最有说服力的。主播可以将本次直播的关键数据提前提炼出来，在开场时直接展示给用户，用数据说话。特别是专业性较强的直播活动，可以展示数据开场，第一时间令用户信服
故事开场	相对于枯燥的介绍、分析，故事则更容易让不同年龄段的用户产生兴趣。主播通过一个开场故事，带着用户进入直播所需场景，能更好地开展接下来的环节
道具开场	主持人可以根据直播的主题和内容，借助道具来开场。开场道具有福利商品、团队吉祥物、热门卡通人物、旗帜与标语、场景工具等
借助热点	用户普遍对互联网上的热门事件和热门词汇有所了解。直播开场时，直播可以借助热点，拉近与用户之间的距离

步骤3：了解直播开场的主播表现

直播开场对主播个人能力有所要求。留住用户的关键通常有三点：画面留人、内容留人、状态留人。主播的表现可从以上三个关键点分别进行调整优化。

1. 画面留人

主播想要通过直播画面留住用户，可以优化自身形象（发型、妆容、穿搭）、提高画面清晰度及减小色差，以增加用户兴趣。

2. 内容留人

通过画面将用户留下仅是开场留人的第一步，若想增加用户停留时长，更重要的是输出吸引人的内容，这里的内容包含福利活动、营销活动、商品信息等。

开场前还需要注意话术复核，确保话术的准确性、合理性；检查话术是否符合逻辑；尤其要注意话术不可有诱导互动及虚假下单的描述，否则会遭到平台处罚。直播中根据开场数据及用户反应，判断话术、开场方式的合理性，实时更新话术及商品上架顺序，如出现意外也要懂得灵活运用话术应对。

3. 状态留人

主播需要时刻保持主动、热情、礼貌和尊重，以留住用户。

（1）主动：直播间是主播的主场，就像是自己的店铺，用户是光临店铺的客人。主播应主动接近用户，拉近彼此的关系，并欢迎每一位进入直播间的用户。即使在人数较少的时候，主播也要尽量照顾到每一位用户。

（2）热情：主播在直播中应充满热情地说每句话、做每个动作，在说话中运用技巧，抑扬顿挫，突出核心内容。

（3）礼貌：主播要使用礼貌的用语，注意称呼和用词，避免与用户发生冲突。如果遇到不友善的用户，适时地回应，但要保持礼貌和冷静。

（4）尊重：主播应尊重每一位用户表达观点的权利，不要强迫用户做出决定。在引导用户时要谨慎，避免过度参与用户的决断，否则可能会产生反作用。

活动实践

请同学们以自主学习及合作探究的方式帮助小夏完成以下活动。阅读以下产品介绍，思考问题，并将结果填写在相应的横线上、表格中。

"桂品味道"是一家专注于销售健康、新鲜的农副产品的电商公司。近日公司店铺上新不少产品，其中有款木瓜丝受到广大粉丝的喜爱，该产品为塑料罐装腌制产品，常温可保存1年。该产品不添加香精、色素，精选10余种配料调成的酱汁，搭配口感鲜辣脆爽的木瓜丝，让人回味无穷。原料选自产地优质番木瓜，保证新鲜与品质，且从原料研发到工厂制作采用全自动生产线，做到每罐都安全可追溯。产品包装密封性好，为环保食品级别材质，更大限度地保证食品新鲜。木瓜丝有原味、微辣、香辣、特辣四种口味，口味丰富，是上班人士、学生的好选择。

（1）了解直播开场前的准备。

若公司准备以上新为主题开展一场直播，主要的上新产品即木瓜丝，那么直播开场前需要准备哪些内容？

_____

_____

_____

（2）熟悉直播开场的方式。

根据上述产品介绍，为该产品准备一场直播销售活动，请大家协助小夏思考采用哪种方式进行开场，具体应该如何设计话术，将相关内容填入表4-4中。

表 4-4　直播开场话术

序号	采用方式	开场话术
1	直白介绍	欢迎大家进入直播间，我是今天的新人主播小夏，今天是我们的店庆一周年，不为别的就为了回馈广大支持者……
2		

（3）了解直播开场的主播表现。

请根据下面的开场情景描述，帮助小夏将对应的问题与优化方案填入表 4-5 中。

表 4-5　有关主播状态的问题及优化方案

情景描述	问题与优化方案
用户进入直播间，发现主播一直在介绍商品，没有注意到他，并且用户发弹幕评论，主播也一直未给予回复，用户无奈退出直播间	问题点：未主动欢迎用户、未及时查看评论区…… 优化方案：欢迎新进来的家人们，主播现在介绍的这个是口感鲜辣脆爽的木瓜丝……
主播开场宣称商品免费送，买了商品发弹幕回复"下单"，可私信客服退款	
主播机械地背诵话术，不看评论区，说话平淡无起伏，让人找不到重点且乏味	

【任务拓展】

　　小玲是一家电商公司的直播运营部的新员工，近期公司领导安排她参加新员工培训，培训内容为直播销售基础知识。培训已进行到直播开场，领导准备根据培训内容，考核新员工对直播开场知识的掌握程度，为此领导整理出以下内容让新员工作答。

　　已知某服装电商公司近期需要完成一场女装直播营销活动，销售产品有连衣裙、T恤、衬衫等，请同学们协助小玲，思考本场直播开场前需要做哪些准备，采用何种开场方式，并写出开场话术（写一种即可），并将答案写在横线上。

　　连衣裙采用高弹双面乱麻面料，成分为 94.6%聚酯纤维和 5.4%聚氨酯弹性纤维（氨纶），选用优质原材料，回弹性佳、不易变形，对身材的包容性高；领口选用方领设计，视觉上拉长脖颈，裙摆采用了侧开衩设计，视觉上拉长腿部。该连衣裙适合 28~35 岁的人群穿着，风格为法式风，颜色多样，为短袖 A 字裙，价格在 260~350 元，可根据实际情况适当降低价格。

　　（1）开场前的准备。

（2）直播开场方式及相关话术。

直播开场方式：

相关话术：

【任务评价】

根据实践活动过程及实践活动结果，进行学生自评、学生互评与教师点评。

考核内容	具体要求	评价		
		学生自评	学生互评	教师点评
知识掌握	能够阐述直播开场的重要性、直播开场的准备内容，并列出直播开场的要点			
技能要求	能够结合案例分析直播开场的方式、分析主播表现的优缺点，并顺利完成直播开场			

任务二　直播商品讲解

【职场情境】

小夏已完成直播开场的学习及实际操作，接下来便要完成本次考核的重点内容——直播商品讲解。直播间销售的商品种类众多，每类商品都有各自的特色与功效，但在直播中主播并不需要阐述商品的每个特点，可根据实际需求或直播情形随时变换讲解。小夏还需要继续通过培训更深刻地认识商品讲解流程，以及商品讲解的具体内容和话术，这样才能保证她在后期直播过程中顺利讲解直播商品。

【任务分析】

商品讲解是对商品的特点、优势、功效、价格等信息进行阐述，通过讲解内容以触达用户痛点，引导其下单。本任务从商品讲解的目的及意义、要素、关键点、商品讲解模式及流程进行介绍。

【任务实施】

课堂沙龙

活动 1　认识商品讲解

小夏希望能够向用户全面地介绍商品，确保用户清晰了解商品的特点。她深知不能机械地背诵一套固定话术，而是要根据不同的受众群体、直播环境和数据结果进行灵活调整。因此，小夏需掌握商品讲解的要点，以轻松应对各种商品讲解的挑战。

活动步骤

步骤1：分析商品讲解的目的及意义

商品讲解是指对商品的介绍，其目的是让用户了解商品的性能和功能以及其他信息，从而让用户决定是否购买。商品讲解可以为商家打开市场，更好地展示商品特点，从而吸引更多用户下单。有技巧地将商品的各类特性清楚介绍给用户，引起用户的兴趣，是营销过程中不可缺少的一个步骤。

总之，商品讲解是一种有效的商品宣传和销售推广方式，它可以帮助用户更全面、更深入地了解商品，从而有效地提高商品的销售量。

步骤2：了解商品讲解的要素

1. 熟悉商品讲解要点

（1）投其所好。在进行商品讲解时，主播必须将用户的需求放在首位。商品讲解的目标是吸引用户的注意力，因此主播应该根据用户的喜好和关注点来详细介绍商品，以吸引用户的关注，并使其留在直播间。

（2）增加商品试用操作。为了更好地向用户展示试用商品的真实过程，主播可以从以下三个方面入手。

① 关注用户情感需求。

主播在进行商品讲解时，不仅要说明商品的功能，还要关注用户的情感需求。主播可以将商品的某些特质与用户对商品的情感需求联系起来，吸引用户关注。

② 生动描述商品。

主播对商品描述的语言越形象生动，越能让用户产生直观的感受。为什么人们会被小说的内容吸引，因为人们通过文字可以联想画面，仿佛置身其中，从而感同身受，好的语言文字可以给人无比巨大的想象空间，所以商品描述越生动越好。

③ 提升内容创新性。

现在的商品琳琅满目，好玩的、新奇的商品比比皆是，如何让商品脱颖而出，吸引用户的眼球，抓住用户的心，就需要主播创新直播内容。

（3）放大商品优点。可以通过反复强调商品优惠价格、展示商品细节、着重阐述商品卖点三种方式来放大商品优势。巧用多镜头细节展示，打消用户疑虑，引导其下单。

（4）巧用场景式描述。商品某些无法展示的卖点可以通过场景式描述表达出来，比如，曾有某位当红主播卖玉米，销量十分可观，便是采用场景式描述来进行销售的。

（5）强调售后服务保障。直播间购物的缺点便是用户无法触摸到实物，良好的售后服务可以打消用户顾虑，提高转化率。需要注意，一定要做好售后服务，若其与直播间阐述的服务不同，用户很可能投诉，由此产生的负面影响不可估量。

2. 了解常见品类商品讲解关键点

目前存在的商品品类众多，这里以三个常见品类来进行关键点阐述，具体内容如表4-6所示。

表4-6　常见品类商品讲解关键点

品类	讲解要素	讲解关键点
食品类	食品类商品直播间，一般以试吃为主，需要主播真实介绍食品口感、味道等，以及对商品产地、规格、包装、价格、营养价值等加以阐述	① 安全性 ② 口感、味道 ③ 价格
服饰类	服饰类商品与食品类商品类似，主播需要上身试穿，边展示边讲解。一般用户在买衣服时比较关注衣服风格、面料、有无色差、尺码大小、价格等	① 试穿效果 ② 风格 ③ 尺码 ④ 板型 ⑤ 颜色 ⑥ 面料 ⑦ 设计亮点 ⑧ 适穿的场景 ⑨ 价格
美妆类	美妆类商品类别较多，每个类别的功能也不尽相同，可以从商品质地、价格、容量、使用方法、使用感受等方面进行阐述	① 底妆类：色号、适合肤质、滋润度、持久度、遮瑕力等 ② 唇妆类：色号、持久度、滋润度、搭配方式等 ③ 护肤类：主要功效、适合肤质、有效成分、使用方法、感受等 ④ 化妆工具类：材质、用途、使用方法等

活动实践

请同学们以自主学习及合作探究的方式帮助小夏完成以下活动。阅读以下产品介绍，思考问题，并将结果填写在相应的表格中。

"桂品味道"店铺除了上新可口小菜外，还上新了粉丝极力呼吁的黄金百香果。该百香果外皮金黄，汁水丰盈，果香浓郁，口感丝滑。这是因为这款黄金百香果的产地在靖西，全年光照充足，气候温和，土壤肥沃。该产品绿色种植，不催熟，不使用任何激素，不喷洒农药，不使用添加剂，让用户吃得放心，买得安心。为了回馈广大粉丝，公司决定将售价35元/5斤的大颗百香果以25元/5斤的优惠价格销售。百香果富含多种维生素，具有很高的营养价值，是一款老少皆宜的健康水果，值得注意的是，百香果切忌与牛奶、红薯同食，否则可能会引起不适。

"桂品味道"想要在直播间内主推黄金百香果，请同学们根据上述产品介绍，帮助小夏梳理出这款商品的描述，并填入表4-7中。

表 4-7 商品描述表

商品类别	商品要点	商品描述
水果	如：竞品对比	朋友们，看一看我手上拿的这两个百香果，从大小、颜色、形状就能够很明显看出区别，左边这款百香果个头大……

活动 2 策划商品讲解

小夏了解了商品讲解要点，还需清楚商品讲解的具体流程。合理的商品讲解流程能够帮助主播避免在直播过程中无所适从。由于商品种类众多，记录商品要点实属不易，主播按照流程讲解商品，不仅能让整场直播更为清晰，还能减轻自己的负担。

活动步骤

步骤 1：了解商品讲解模式

因为商品的特性与数量不同，所以商品讲解模式也有所不同。目前主播普遍采用两种商品讲解模式：过款式讲解和循环式讲解。

（1）过款式讲解，是指一带而过地讲解商品，基本不重复讲解。这种模式适用于时间短或选品多的直播间，比如很多头部直播间由于选品众多，基本采用过款式讲解模式，这种模式比较考验主播的应变能力和对商品的熟悉程度。过款式讲解流程如表 4-8 所示。

表 4-8 过款式讲解流程

时间	直播内容	直播人员安排
10min	热场互动	主播 A
30min	第一组主打商品三款介绍	主播 A+助播 B
10min	第一组宠粉福利一款介绍	主播 A+助播 B
10min	直播活动介绍	主播 A+助播 B
30min	第二组主打商品三款介绍	主播 B+助播 A
10min	第二组宠粉福利一款介绍	主播 B+助播 A
20min	第一组+第二组快速介绍	主播 A+助播 B

需注意的是，安排在前的直播人员为本环节的主讲述人，主讲述人需对商品信

息、价格、库存、福利活动等有详细的了解。主播、助播的讲解顺序可根据实际情况调整，整场直播的商品讲解次数也根据实际情况灵活调整。

（2）循环式讲解，就是按照某一标准流程不断循环介绍商品。用户在直播间的平均停留时长大多只有一两分钟，因此，隔一段时间重复推介是直播销售的常规操作。循环式直播可以减少备稿成本，主播只要勤加练习就能游刃有余，且有助于达到直播时长要求。因此，长时间在线的直播间通常使用循环式讲解。循环式讲解流程如表 4-9 所示。

表 4-9　循环式讲解流程

时间	直播内容	直播人员安排
10min	热场互动	主播 A
40min	主打商品 N 款介绍	主播 A+助播 B
10min	宠粉福利款介绍	主播 A+助播 B
40min	主打商品 N 款第一次循环介绍	主播 B+助播 A
10min	宠粉福利款介绍	主播 B+助播 A
40min	主打商品 N 款第二次循环介绍	主播 A+助播 B
10min	宠粉福利发放，预告下场直播	主播 A+助播 B

循环式讲解模式与过款式讲解模式相比，话术重复，较为枯燥，所以人员变动更频繁。需注意的是，此方式的主播、助播的讲品压力都较大，要求其对商品有全面的认知，且需配合默契。另外，可根据直播时长，规划主打商品循环介绍次数。

步骤 2：剖析商品介绍流程

商品介绍流程有三步，根据这三个步骤便能顺利完成直播销售活动，如图 4-1 所示。

图 4-1　商品介绍流程

1. 多角度吸引注意力

主播在介绍商品前，首先要将直播间内用户的目光聚焦到主播和即将上架的商品上。此时经验丰富的主播往往会通过两种方式来吸引用户注意，分别是引起用户关注和引起用户共鸣。引起用户关注便能提高直播间流量和延长用户停留时间，对后续直播间转化有极大帮助。

（1）引起用户关注。

引起用户关注的方式一般有：输出有趣、有价值的内容；积极与用户互动；提供福利；邀请嘉宾；设计创意的直播背景及主播妆造；主播发挥较好的演绎能力等。比如某些美妆主播，想要输出有价值的内容以挽留用户时，会通过介绍商品的特点配以夸张的表达引起用户关注，如"直播间的朋友们，冬季皮肤干燥的女生们听好了，接下来上架的保湿补水面膜巨好用"。

（2）引起用户共鸣。

找到商品卖点，触及用户痛点，引起用户共鸣，让用户感同身受，认为商品能解决其困扰，这场直播销售就成功一半了。如销售洗头膏或生发液等商品的主播会通过以下话术介绍商品："直播间的朋友们注意了，是不是有很多朋友出现过洗头时一抓掉一把头发的困扰？有这种情况的朋友，可以在弹幕中发'1'。要知道这种情况严重的话会导致秃头，接下来这款洗头膏，可以很好地解决你们的烦恼！"

2. 全维度介绍商品

当成功吸引直播间内用户的注意力及引起共鸣后，便要进入商品讲解环节。在讲解商品时，很多新人主播都会出现介绍商品卖点没有逻辑的问题，可按照以下维度来讲解商品，培养逻辑能力，如表 4-10 所示。

表 4-10　介绍商品的维度

维度	关键内容
属性	介绍商品的材质、成分、工艺、技术等
优势	由属性内容决定，根据属性阐述商品的主要优势
好处	将属性与优势的内容具体化、场景化，列出商品的具体好处
证据	成分列表、专利证书、商品实验、销量评价、行业对比、品牌背书等

3. 快速引导成交

主播完成引起关注、商品介绍和展示后，最重要的步骤就是引导用户下单。根据当前直播间采取的引导成交话术及形式，总结出下列五步销售法。

（1）提出问题。

结合消费场景，提出用户可能面临的痛点，让用户意识到商品价值，从而停留在直播间。

（2）放大问题。

阐述商品的特点、优势时，要全面化、最大化，以引起用户的关注，并令其意识到问题的严重性。

（3）引入商品。

以解决问题为出发点，引入与该问题相关的商品。比如，介绍一款新推出的果汁饮品，它采用新鲜的水果原料，不含任何添加剂，可以满足用户清凉解渴的需求。

（4）提升高度。

从商品品牌、原料、售后等角度提升商品的附加值。比如，主播可以介绍某款果汁饮品的品牌背景、生产过程中使用的优质水果，以及提供的优质售后服务。这些信息可以增强用户对该商品的信任和认可。

（5）降低门槛。

主播可以讲解优惠力度、货品渠道，突出商品的稀缺性，以降低用户的购买心理防线。

活动实践

请同学们以自主学习及合作探究的方式帮助小夏完成以下活动。阅读以下商品介绍，思考问题，并将结果填写在相应的表格中。

"桂品味道"主要销售农副产品，品类丰富，除了百香果、木瓜丝，还销售茶叶、米粉、火龙果、香土鸡、山茶油、三色糙米等。其中，桂品兰香六堡茶是店铺中销量最高的一款茶叶，六堡茶在高山低温处种植，种植区海拔高于100米，丘陵地貌，土壤类型是红黄壤或赤红壤，pH值范围为4.2~6.2，非常适宜六堡茶生长。该茶叶采用传统工艺焙制，使用本地大叶种茶树的鲜叶作为原料，口感醇香，泡开后颜色呈砖红色，闻起来有淡淡香味。

（1）了解商品讲解模式。

请大家根据商品介绍内容，帮助小夏判定"桂品味道"的这款六堡茶适合哪种商品讲解模式，并将流程步骤填写在表4-11中。

表4-11 "桂品味道"商品直播讲解模式

直播商品	讲解模式	原因	步骤简述

（2）剖析商品介绍流程。

陈经理决定让小夏为桂品兰香六堡茶撰写一套商品讲解话术，请大家协助小夏按照商品介绍流程写出完整且可实行的话术，并填入表4-12中。

表4-12 桂品兰香六堡茶商品讲解话术

步骤	细节	话术
吸引注意力	引关注	直播间的朋友们，今天会选出3名中奖者送出精美礼品……
	引共鸣	

【任务拓展】

小玲已完成有关直播开场的培训及相关考核，接下来便接受有关商品讲解的相关培训。商品讲解非常考验主播的表达能力及运营的专业能力，商品讲解的好坏通常直接影响直播间的销售量。该阶段培训结束后，领导对她进行了第二次考核，要求其思考女装直播营销活动可采取的具体直播讲解流程，并简述连衣裙（连衣裙相关介绍见任务一）的讲解话术。请将作答内容写在横线上。

直播讲解流程：_____

_____

_____

连衣裙的讲解话术：_____

_____

_____

【任务评价】

根据实践活动过程及实践活动结果，进行学生自评、学生互评与教师点评。

考核内容	具体要求	评价		
		学生自评	学生互评	教师点评
知识掌握	能够阐述商品讲解的目的及意义、商品讲解的模式、商品的介绍流程，列出商品讲解的要点和常见商品讲解的关键点			
技能要求	能够根据商品介绍流程，顺利完成直播间商品讲解			

任务三　直播营销活动开展

【职场情境】

小夏已经掌握商品讲解的基础知识，且实践了商品讲解。接下来便要进行直播培训的下一阶段的学习，即直播营销活动的开展。合理利用营销活动，不仅可以增加粉丝数量及提高粉丝活跃度，还能大大提高直播间销量。小夏清楚目前大部分直播间采取的营销活动种类，但具体的使用方法及设置方法并不清晰，她决定从营销活动的实施流程及技巧学起。

【任务分析】

每场电商直播都少不了营销活动的加持，活动力度越大，活动方式越新颖，越能吸引用户关注。小夏需要学习营销活动实施流程、技巧及活动工具，了解营销活动开展的具体实施过程。

【任务实施】

活动 1 实施直播营销活动

要提升转化率，小夏需要先梳理直播营销活动的实施流程，明确何时以及以何种方式自然地将活动内容穿插到商品讲解和直播销售活动中。同时，小夏还需要掌握一些营销活动的实施技巧，以便更好地开展这些活动。

活动步骤

步骤 1：剖析营销活动实施流程

营销活动实施流程通常可以总结为以下几步。

（1）直播前宣传。为了让更多用户能够第一时间参与直播活动，直播团队通常会选择提前宣传和预告。例如，在 2023 年的"6·18"大促活动中，企业提前一个月开始宣传商品优惠力度，让用户提前感受大促氛围，并提醒其参与活动。活动宣传渠道多样，包括微信、微博、门户网站等，尤其要充分利用直播平台自带的宣传功能，并利用各种引流方式吸引更多的用户。

（2）明确活动策划内容。在直播开始前，需要再次明确本场活动的策划内容，包括活动讲述的时长、次数和时间点，活动涉及的商品和套餐，以及活动的促销力度等。特别需要确认活动营销工具能否正常使用，数量和金额是否正确。

（3）直播开场活动预告。在直播开场时，需要强调本次活动的主题，并提前说明活动的内容和优惠力度，以吸引用户停留。

（4）讲解商品中穿插营销活动。营销活动通常会穿插在商品讲解中，这样做可引导用户做出决策。此外，多次阐述营销活动也可强化用户的购买意愿。

（5）预告下阶段活动。在直播策划中，会明确标明活动相关信息。为了让用户继续留在直播间等待下一阶段福利活动，需要在第一阶段活动结束后或第一个商品讲解完毕后，介绍下一阶段福利活动。

此外，在直播结束后，需要预告下一场直播的主题和活动，以吸引用户参与下一场直播。

步骤 2：熟悉营销活动实施技巧

在进行营销活动的设计和实施过程中，除了按照流程完成任务外，还需运用技巧来吸引用户注意力、增强用户黏性，并满足用户需求，以使其主动下单。

1. 分析用户消费心理

正如俗话所说："知己知彼，百战不殆。"在营销活动中，企业的目标是促使用户购买商品。因此，企业有必要根据用户的消费心理来制定活动内容。用户消费心理主要有五点，如表 4-13 所示。

表 4-13　用户消费心理

消费心理	消费心理详解
恐惧心理	消费者在购买商品或服务时，由于担心某种潜在的风险、威胁或不良后果而会产生恐惧心理。通过利用用户的恐惧心理，可以激发用户的痛点，突出企业自有商品的优势，并解决用户所面临的问题
从众心理	用户在购买商品时，容易受周围人的影响，特别是亲朋好友、专家等的意见和推荐。他们倾向于跟随大众的选择，避免自己做出错误的决策
求异心理	消费者在购买商品或服务时，追求与众不同、标新立异的效果，以展示自己的独特性和个性。通过强调商品为用户带来的不同来吸引消费者
权威心理	知名博主推荐、专家背书、机构认证的商品，更容易获得用户的信任
稀缺心理	营造商品的稀缺性，增强用户紧迫感，从而令其在直播间消费

2. 改善直播环境

改善直播环境可从搭建直播间场景与营造直播间氛围入手。

（1）搭建直播间场景。

如主题为过年，便要采用红色道具装饰背景，利用福字、爆竹等道具营造过节气氛，用贴纸标明活动内容，让用户有停留欲望，增强其对年货、福利的好奇。

（2）营造直播间氛围。

直播间惊喜、紧张的氛围可以激发用户好奇心，从而增加直播间流量。如主播与场控用话术共同营造氛围，可以刺激用户从众心理、稀缺心理，让用户产生不买便亏的想法，提高转化率。

3. 善用数据分析

在第一阶段营销活动结束后，运营便要提醒主播关注数据，并反馈本阶段活动数据，来判定下个活动需要使用的营销策略。如第一阶段用户反响较好，便可在下一阶段加大优惠力度、增加优惠券数量、增加红包金额等。所以，直播中需随时观察数据。直播结束后也需汇总整场活动数据，便于优化后期直播营销活动方案。

活动实践

请同学们以自主学习及合作探究的方式帮助小夏完成以下活动，并将结果填写在相应的表格中。

（1）剖析营销活动实施流程。

以"桂品味道"农产品百香果为例（百香果相关介绍见任务二活动 1 的活动实践），根据营销活动实施流程及活动策划方案，完成一次百香果营销活动直播，将每个流程及完成情况、话术填入表 4-14。

表 4-14　营销活动流程表

流程	完成情况	话术
直播前宣传推广	发布渠道：朋友圈、微博、头条…… 发布时间：直播前 3 天开始每天发布	"5 月 18 日，晚上 8 点，不见不散，精彩直播等你来！"

（2）熟悉营销活动实施技巧。

请根据下面的营销活动情景描述，协助小夏判断主播行为是否有问题，并说明原因，如有问题，请将优化意见填入表 4-15 中。

表 4-15　情景描述优化表

情景描述	问题与优化方案
主播查看实时数据，发现在开展营销活动时参与人数不多，直播间里的用户反馈并不积极，主播立刻示意场控配合进行产品描述	没有问题。 主播示意场控营造氛围，增加与粉丝的互动环节等
主播完成第一阶段营销活动后，未查看在线数据，用同样的方式实施营销活动，参与人数不多，导致直播间数据不稳，后续进直播间的人越来越少，无奈运营叫停直播	
主播在直播中发现公屏有人提出价格太贵，而且品牌未听过，不相信商品的品质，主播回复："我看这位朋友第一次来直播间，这样吧，我给你发个优惠券，这活动只有这一次，今天之后就没有这个价格了，你下单试一试质量，不用担心品质问题，本直播间承诺假一赔十。"	

👤 活动 2 设置直播营销工具

实施营销活动，还需直播营销工具的协助。通过平台工具发布营销活动，才能让用户顺利参加，从而保证营销活动的参与度。小夏需要了解直播营销工具的具体使用流程和要求，这样才能正确地使用营销工具发布直播营销活动。

活动步骤

步骤 1：了解营销活动工具设置流程及使用要求

无论是节假日促销、特定周期促销、时令促销还是借势促销，每一种营销活动都需要运用营销工具来实施。各个直播平台在设置营销工具的流程上相似，而常用的营销工具主要包括两种：优惠券及红包。

1. 了解营销工具设置流程

（1）打开直播平台后台。比如抖音平台，可打开抖店后台；淘宝平台则打开千牛卖家服务中心。

（2）找到"营销/营销工具"模块。

（3）根据需求选择优惠券及红包等工具。

2. 了解营销工具的使用要求

下面分别以抖音平台和淘宝平台为例，介绍两种营销工具的具体使用要求。

（1）抖音营销工具使用要求如图 4-2 所示。

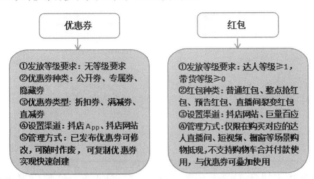

图 4-2 抖音营销工具使用要求

（2）淘宝营销工具使用要求如图 4-3 所示。

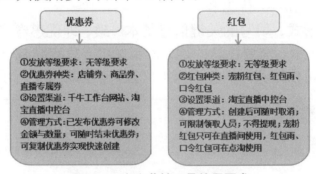

图 4-3 淘宝营销工具使用要求

步骤 2：了解电商平台营销工具设置方式

下面以抖音平台和淘宝平台的营销工具为例，阐述其具体的设置方式。

1. 了解抖音营销工具设置方式

（1）商品转化工具——优惠券。

优惠券属于商品转化的工具，其种类繁多，但填写的关键信息基本一致，只需填写优惠券名称、领取时间、使用时间、优惠内容等信息，如图 4-4 所示。优惠内容可根据直减、折扣、满减类型填写。店铺券与商品券的区别仅在于是否选定商品。

（2）"拉新涨粉"工具——红包。

红包是"拉新涨粉"的工具之一，有四种类型，分别是普通红包、整点抢红包、预告红包和直播间裂变红包，常用的是普通红包和整点抢红包。红包设置中必填的选项有红包名称、领取用户限制、领取结束时间、使用有效时间等，如图 4-5 所示，且大部分直播间都会选择智能创建批量红包功能来智能投放。

图 4-4　优惠券设置方式（抖音） 　　　　　图 4-5　红包设置方式（抖音）

2. 了解淘宝营销工具设置方式

（1）商品转化工具——优惠券。

优惠券有三种形式，填写的关键信息基本一致，即优惠券名称、使用时间、优惠信息，如图 4-6 所示。需要注意的是，淘宝优惠券只有满减一种类型，重点是选择推广方式，商家可根据实际需要选择推广方式，如图 4-7 所示。

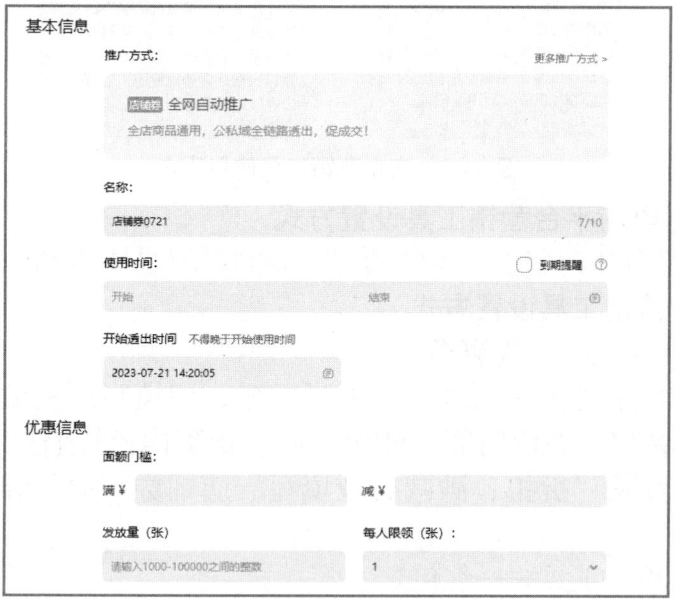

图 4-6　优惠券设置方式（淘宝）

图 4-7 优惠券推广方式

（2）"拉新涨粉"工具——红包。

红包有三种类型，即宠粉红包、红包雨、口令红包，三者皆是直播间常用的工具。三种红包的设置内容大致相同，但使用场景不同，需根据实际情况选择红包权益。红包设置的具体流程为：选择"互动"—"口令红包"—"权益选择"—"权益中心"，然后设置三类红包。其中所需填写的信息包含模板名称（即红包名称）、金额、个数、发放时间、使用时间等，如图 4-8 所示。

图 4-8 红包设置方式（淘宝）

直播销售（慕课版）

活动实践

请同学们以自主学习及合作探究的方式帮助小夏完成以下活动，并将结果填写在相应的表格中。

以"桂品味道"周年庆为主题，协助小夏完成任一电商平台营销活动设置，并将设置内容填入表 4-16 中。

表 4-16　营销活动设置详表

选用平台	活动工具名称	活动内容
抖音	优惠券	设置商品满 100 元减 10 元优惠券，添加商品为肉干，使用时间为直播当天，预计投放 500 张……

【任务拓展】

小玲已完成直播商品讲解相关培训并完成考核，培训第三部分内容是直播营销活动的实施。该阶段学习了直播营销活动的实施流程及实施技巧，认识了直播营销工具及设置方式。领导要求小玲根据本次女装销售活动的内容，选定直播平台，思考采用何种营销工具，并写出营销工具的设置方式。请同学们协助小玲完成该任务，填写表 4-17。

表 4-17　营销工具的设置

选择的营销工具	
设置方式	

【任务评价】

根据实践活动过程及实践活动结果，进行学生自评、学生互评与教师点评。

考核内容	具体要求	评价		
		学生自评	学生互评	教师点评
知识掌握	能够阐述营销活动的实施流程，并列出营销活动实施的三大技巧			
技能要求	能够根据不同平台的营销活动工具的使用流程，完成营销活动的内容设置			

任务四　直播粉丝互动

【职场情境】

小夏已完成直播营销活动开展与营销活动工具设置的训练，接下来便要完成最后阶段，即直播粉丝互动的学习。营销活动需要粉丝参与互动，但粉丝互动与营销活动不同，粉丝互动并非以销售为目的，而是以提升直播间活跃度及热度为目的，以实现直播间快速引流。小夏从陈经理处得知公司农副产品直播间粉丝互动率有待提高，她决定通过本次任务的学习找到粉丝互动率较低的原因，尝试制定优化方案。

【任务分析】

提到直播粉丝互动，首先想到的便是话术互动，但实际上直播互动方式有多种，小夏除需要了解粉丝互动话术外，还需要学习更多的互动方式，从而优化粉丝互动方案。本任务将从粉丝互动工具，即免单、弹幕、连麦、道具等，讲解直播粉丝互动的具体内容。

【任务实施】

👤 活动 1　认识粉丝互动工具

为了打造直播互动形式的多样性，小夏意识到了解直播平台的互动工具的重要性，每个直播平台都拥有独特的互动工具，且多个互动工具在不同平台上的功能相似。了解并运用互动工具，根据其特性制定不同搭配方案，以便提升直播间互动率，达到更好的效果。

在制定互动搭配方案时需具有创新意识，以原本的工具及活动形式为基础，举一反三，制定有较强吸引力的新互动形式。在《关于加强网络直播规范管理工作的指导意见》中提到："强化用户行为规范。网络直播用户参与直播互动时，应当严格遵守法律法规，文明互动、理性表达、合理消费。"因此，主播及运营在创新互动形式的同时，还需严格遵守法律法规，文明互动，坚决不能踩法律红线。

活动步骤

步骤1：了解免单

虽然各平台抽奖互动工具的名称不尽相同，但功能却是相同的，其目的都是提供免单服务，让用户免费获取某件商品。参与免单活动时，用户需达到主播设定的门槛，且此门槛是用户与直播间互动的关键。

（1）免单工具功能。直播间发起抽奖活动时，都需运用平台的免单工具，若不按规定使用工具，则无法开展抽奖活动，甚至可能会被判定违规。参与活动的用户只需点击免单工具，达到直播间设定的门槛，即可参与抽奖。抽奖时系统会随机选择中奖用户，用户提交相关收货信息便可免费获得商品。此工具对主播来说较好操作，参与形式对用户来说也较简单。

（2）适用场景。免单工具主要适用于以下几种场景：开播引流时发起活动，直播间进人时发起活动，整场直播不定时发起活动。

步骤2：了解弹幕

发弹幕也可称为公屏互动。用户关于商品有任何问题、对主播有任何疑问，以及回答主播问题时都可发弹幕，助播可以通过对公屏的管理，达到提升用户互动性的目的。

（1）弹幕功能。弹幕很大程度上影响直播间互动效果及氛围，当直播间用户看到弹幕不断滚动，会倾向于留下来参与或是旁观讨论。此时助播可协助主播回复评论、引导评论、置顶优质评论、删除无用或恶意评论，还可以汇总评论关键词，根据关键词引发新一轮讨论热潮。

（2）适用场景。整场直播都可以使用弹幕互动工具。

步骤3：了解连麦

此功能常用于娱乐直播间，企业宣传直播间和销售商品直播间很少使用连麦功能，但并非绝对不用。比如某运动主题直播间连麦艺人进行直播间流量置换，娱乐主播连麦唱歌，都可以增加直播间互动。

（1）连麦功能。连麦是各平台都有的直播工具，连麦互动可以活跃直播间氛围，实现流量置换，为直播间引流。连麦可以采用音频及视频的方式，连麦双方可以就某个话题聊天、唱歌等完成互动目的。连麦也是游戏直播常用的互动方式。

（2）适用场景。通常会专门设置连麦环节，一般会选在直播间流量较稳定，或在直播中后期进行连麦。

步骤4：了解道具

游戏互动除了可以采用连麦功能外，还可以使用道具辅助游戏进行。不是所有直播间都适合或是有契机进行连麦互动的，无法连麦的直播间便可使用贴纸道具、效果道具、指示板道具、玩具等完成游戏互动。

（1）道具功能。贴纸道具与效果道具是直播平台自带功能，可根据需求在直播间添加。贴纸道具可输入文字说明游戏主题或是说明参与游戏方式；效果道具则是直播间用户的某些行为引发的直播间效果；卡纸或指示板用于写明游戏主题或参与方式，方便用户快速了解直播或是游戏内容；玩具则是辅助游戏进行的道具。

（2）适用场景。道具常用于专设游戏环节中，一般选择在直播间流量较低时，使用道具带动直播间氛围，从而吸引流量。

活动实践

请同学们以自主学习及合作探究的方式帮助小夏完成以下活动，并将结果填写在相应的表格中。

根据下列情景描述，写出可用的互动工具，将内容填入表 4-18。

表 4-18 选择互动工具表

情景描述	互动工具
小夏想在直播开场时吸引一波流量，不知道采用哪种互动方式合适	使用免单及红包工具，并配合公屏互动
小夏在介绍产品时忽然有 30 人进入直播间，小夏为了留住这些用户，该采用什么方式	
小夏今日直播的主题是某品牌专场，邀请到品牌负责人及代言人，小夏准备为这场直播准备互动活动，可以使用哪些直播工具呢	

活动 2 实施粉丝互动

为了培养自身的互动能力并巩固所学知识，小夏汇总了常用直播平台的直播互动工具，了解其使用方法和适用场景。为了进行实操训练并评估互动活动的合理性和可行性，小夏策划了粉丝互动流程，并将活动穿插至直播的各个环节，如开场、商品讲解、营销活动及结尾。

活动步骤

步骤 1：分析粉丝互动流程

1. 完成开场互动

开场可规划 1~2 个互动活动，搭配互动话术完成开场引流操作，提升开场互动率，有助于后续流量的提升。

2. 讲解商品中穿插粉丝互动

该阶段使用更多的是话术引导互动，通过疑问句、反问句，或是引起共鸣、戳中用户痛点的话术，积极引导用户点赞、评论、关注及下单，同样也需配合商品讲解，采用免单工具等，完成商品讲解中的粉丝互动。

3. 营销活动中穿插粉丝互动

该阶段使用的主要是话术引导，邀请用户参加营销活动，同时引导用户配合互动，如评论、点赞、点击商品链接等。若有机会也可使用免单、道具等互动工具，叠加使用工具可提高用户互动率。

4. 完成直播结尾互动

直播接近尾声时，尽量不要在人数较少的时候直接下播。这个阶段大部分主播会先互动留人，然后再结束直播，否则影响下场直播引流。

步骤 2：了解粉丝互动技巧

1. 表情动作丰富

表情动作僵硬且不够丰富，是大部分新手主播容易出现的问题，也是许多新手主播人气不足的重要原因之一。直播间需要主播和用户沟通互动来活跃气氛，主播除了要善于调动现场气氛、处变不惊，还要尽可能地增加与用户的交流，增强用户的参与感。

2. 多表达感谢

当有用户送礼物或是下单时，无论金额大小，都要一视同仁，向送礼物及下单的用户表达尊重与感谢，让用户感受到主播的诚意与热情，从而愿意继续互动。

3. 平时多积累段子

幽默的主播容易获得用户的好感，若新手主播自身不够外向，可以提前准备一些草稿，虽略显生硬，但也不失为一种办法。

4. 多谈自己生活感受和经历

主播可多分享生活小事，这样更容易拉近与用户的心理距离。

5. 积极回答用户问题

在直播过程中，用户会向主播提出各种各样的问题，涵盖穿搭技巧、妆容技巧以及产品的适用范围等方面。有时会有用户反复询问同样问题，此时，主播必须保持耐心，并及时回答用户问题。

活动实践

请同学们以自主学习及合作探究的方式帮助小夏完成以下活动，并将结果填写在相应的表格中。

（1）分析粉丝互动流程。

以"桂品味道"百香果为例（百香果相关介绍见任务二活动1的活动实践），根据互动流程设计每个阶段互动话术，并填入表4-19中。

表 4-19 互动话术表

互动流程	互动话术
完成开场互动	欢迎新进来的朋友们，我们的直播开始了，进来的朋友们不要着急走，为了感谢新老粉丝，我们今天有许多福利送给大家，为了让大家感受到我们的诚意，大家先去领大福袋……
讲解商品中穿插粉丝互动	
营销活动中穿插粉丝互动	
完成直播结尾互动	

（2）了解粉丝互动技巧。

请根据下列情景描述，判断互动方式是否正确，并将结果填入表 4-20 中。

表 4-20 互动情景表

情景描述	是否正确
直播间评论区有用户提问商品功能问题，主播回复后，新来用户再次提问，由于主播多次回复同样问题，显出不耐烦神色并回复：主播这个问题已经回复过了，没听到的朋友看录制的讲解，我不多说了	错误
直播间游戏互动环节，由于直播间用户处于流动状态，主播怕新来用户没听到重点，临时决定将要点写在 A4 纸上，并添加直播贴纸，说明活动内容	
直播开场时主播使用免单工具，抽取免单名额，因为抽奖有倒计时，用户在评论区表达不满，嫌等候时间过长，主播表示：朋友们，你们别着急，我也真是没办法，我刚让助理上免单，说设置时间短一点，结果他设置错了，既然让大家多等这么长时间，总得给大家多点补偿，我们再给大家多加几张优惠券，行不行	

【任务拓展】

小玲已完成直播销售过程实施最后一个部分的相关培训，学习了粉丝互动方式及互动工具。小玲知道粉丝互动是为直播间增加热度、增强粉丝黏性的重要手段，领导让小玲思考若是实施女装直播活动，可以采用哪些互动工具，并以连衣裙（连衣裙相关介绍见任务一活动 2 的活动实践）为例说明互动流程对应的互动话术。

（1）采用哪些互动工具？请将结果填入表 4-21 中。

表 4-21　女装直播中选择的互动工具及理由

选择的互动工具	选择的理由

（2）互动流程对应的互动话术是什么？请将结果填入表 4-22 中。

表 4-22　女装直播互动流程对应的互动话术

互动流程	互动话术
完成开场互动	
讲解商品穿插中粉丝互动	
营销活动中穿插粉丝互动	
完成直播结尾互动	

【任务评价】

根据实践活动过程及实践活动结果，进行学生自评、学生互评与教师点评。

考核内容	具体要求	评价		
		学生自评	学生互评	教师点评
知识掌握	能够阐述粉丝互动工具的功能及应用场景			
技能要求	能够根据粉丝互动的流程和技巧，策划粉丝互动环节			

✖ 岗课赛证

考证提要

（1）能根据品牌背景和商品详细信息，从品牌认知、商品核心卖点、促销计划等方面整理商品资料。

（2）能根据直播脚本和主播讲解实时情况，推送商品链接。

（3）能根据直播策划方案，使用直播平台连麦、弹幕、抽奖等互动工具，提升直播间粉丝活跃度。

竞赛直达

直播运营竞赛试题

任务背景：

萃赞铺子旗舰店主要销售鲜花饼、枣糕、红薯干、薯片等商品，网店的销量一直很可观，已经积累了很多忠实客户。恰逢平台"奇趣零食节"活动，萃赞铺子为了回馈老客户和吸引新客户，计划开展一次直播活动。为了收获好的直播效果，选取了销量最高的鲜花饼和枣糕两款商品作为直播商品。

任务素材：

每款商品介绍文档各一份，人物设定文档一份。

任务要求：

根据提供的素材，策划直播内容，设置互动活动和购买页信息，以给定的人物设定身份，用普通话完成一场销售两款商品的 10 分钟的直播。

项目五

直播销售突发状况处理

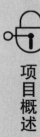

项目概述

　　在直播销售过程中，不可避免地会出现各种各样的突发状况，如网络故障、设备问题、用户投诉等，而正确应对这些突发状况，对直播销售人员来说至关重要，也相当考验直播销售人员的职业素养和应变处理能力。高效处理直播过程中的突发状况，不仅能体现直播销售人员较强的业务能力和专业能力，更能维护品牌形象、取得良好销售业绩。

学习目标

　　📎　**知识目标**

　　1．了解直播间技术故障的常见状况。

　　2．熟悉直播间商品问题的常见类型。

　　3．清楚直播间用户负面评价的主要来源。

　　📎　**技能目标**

　　1．能够分析直播间出现技术故障的具体原因，并提出合理的解决方案，排除故障。

　　2．能够分析直播间出现商品问题的原因，并提出合理的处理方法，制定相应的解决方案。

　　3．能够分析直播间出现用户负面评价的原因，并针对具体的问题选择合理的处理方式，提出有效的解决方案。

　　📎　**素养目标**

　　1．具备法律法规意识，遵守直播行业的相关规范、要求，能够在直播销售出现突发状况时，不违反法律法规、不违背行业要求，妥善处理。

　　2．具备解决问题的能力，能够在直播发生突发状况时，临危不乱，有条不紊地处理问题。

　　3．具备良好的沟通交流能力，能够在遇到用户恶意评价或无理取闹时，通过语言沟通、委婉拒绝等方式解决问题。

项目实施流程

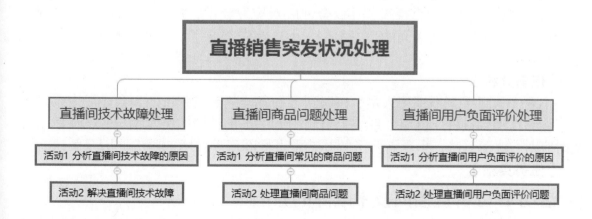

项目实施准备

直播销售突发状况处理项目实施准备清单如表 5-1 所示。

表 5-1　直播销售突发状况处理项目实施准备清单

项目	具体内容	用处
设备	良好的网络环境、正常且稳定的计算机设备和直播设备（包括手机、支架、补光灯、移动电源等）	教学演示、自主学习、合作探究
资料	直播间技术故障处理、商品问题处理、用户负面评价处理相关的微课、课件等学习资料	学生自主学习
案例	有关直播间技术故障、商品问题、用户负面评价的实际案例，直播销售整个过程的视频案例等	教师案例展示
人员安排	2~3 人一组，通过网络搜索学习资料，并借助案例，开展活动	小组合作探究

任务一　直播间技术故障处理

【职场情境】

为了响应党的二十大报告提出的"发展乡村特色产业，拓宽农民增收致富渠道"，"桂品味道"的直播销售团队联合当地政府部门，为某乡村的特色农产品组织了一场直播宣传活动，目的是拓宽产品的销售渠道、提升当地农产品的销量。虽然整场直播都比较顺利，而且首场直播的效果也很不错。但是直播过程中出现了很多突发状况，有些突发状况在开始时有所准备，已在直播过程中很顺畅地解决了，但是有一些突发状况由于未预料到而没有应急预案，导致直播过程中出现了一些尴尬的局面，使得一部分用户中途退出了直播间。

为了能够在后期的直播过程中，合理应对突发状况，并能够巧妙地处理这些突发状况，从而不影响直播间的良好氛围，小夏首先需要了解如何处理直播间的技术故障问题。

【任务分析】

小夏作为新手直播销售人员，在遇到各种各样的突发状况时，会显得束手无策。为了能够在遇到硬件、网络、系统等引起的无法正常直播的突发状况时，临危不乱、及时应对、快速解决，小夏需要了解并熟悉直播间出现技术故障的原因及解决方法。

【任务实施】

🛒 课堂沙龙

👤 活动 1　分析直播间技术故障的原因

小夏想要在遇到直播间技术故障问题时，能够做到尽快处理，就需要了解直播间技术故障的常见状况有哪些，并能够分析出现这些状况的原因，这样才能针对具体问题提出合理的解决方案。

活动步骤

步骤1：梳理直播间技术故障的常见状况

主播在直播销售过程中经常会遇到一些突发状况，如直播没声音、直播没画面、直播卡顿、直播掉线等。直播间由于技术、设备问题出现的故障有很多，常见的状况如下。

1. 信息传输

（1）视频卡顿、延迟或断流。

直播视频可能会出现卡顿或断流的情况，导致观众无法流畅观看；也可能会出现延迟，即实际与直播画面存在一定的时间差，影响观众的体验。

（2）声音质量差、卡顿或无声音。

直播中可能会出现噪声、杂音、声音断断续续或音量异常等问题，甚至是直播时突然没有声音，这些都会影响观众的听觉体验。

（3）画面黑屏、模糊或失真。

直播中的视频画面可能会出现模糊、失真等问题，或者是直播过程中突然黑屏，这些状况都会导致观众离场或被平台判为挂机。

2. 技术操作

（1）连接中断或无法启动。

直播中可能会出现连接中断或无法启动的情况，导致直播无法正常进行或观众无法进入直播间。

（2）异常提示或错误提示。

直播中可能会出现异常提示或错误提示，如网络错误、设备错误或软件错误等，提示观众存在技术故障，如图5-1所示。

图5-1 直播间异常提示或错误提示案例

（3）功能无法使用。

直播中的某些功能可能无法正常使用，如聊天功能、礼物打赏功能或投票功能等，影响观众的互动体验。

以上是直播间技术故障的常见状况。当这些状况发生时，直播人员需要及时排查，快速解决技术故障，以确保直播间能够正常运行并提供良好的观看体验。

步骤2：分析出现技术故障的具体原因

出现以上技术故障的原因主要包括网络问题、软硬件问题、操作失误及其他问题。

1. 网络问题

网络连接不稳定、带宽不足或网络延迟等问题，可能会导致视频卡顿、断流或连接中断等问题。

2. 软硬件问题

直播平台的服务器故障或负载过高，可能会导致直播间无法正常启动、视频无法加载或直播画面质量下降等问题。

摄像头、话筒、编码器或其他设备的故障，可能会导致视频画面模糊、声音质量差或设备无法正常工作等问题。

直播软件或应用程序的错误、崩溃或不兼容性，可能会导致直播间无法打开、操作困难或功能无法正常使用等问题。

3. 操作失误

直播销售人员在设置直播间或操作直播设备时错误操作可能导致技术故障。例如，错误配置直播软件、错误设置摄像头或错误操作导致直播中断等问题。

除此之外，还有一些其他原因导致的技术故障问题，如使用第三方服务或集成时，第三方服务或集成的故障或不稳定性可能导致直播间无法正常运行、功能无法使用或数据无法传输等问题。

活动实践

小夏上一次的周年庆直播营销活动基本上还算顺利，可是在直播过程中还是出现了一些问题。首先是在直播开始前，直播间一直打不开，后来又出现了直播过程中没有声音、频发卡顿的现象。直播了一段时间后，突然连接中断。接着，到了与粉丝互动的环节，小夏一直无法开启聊天功能，导致一部分粉丝因无法聊天互动而退出直播间。小夏最终在磕磕绊绊中完成这一场直播活动，虽然总体算顺利，但是却因为一些技术故障问题，损失了一部分粉丝。

请同学们帮助小夏分析周年庆直播营销活动中出现了哪些技术故障，以及出现这些状况的具体原因是什么，完成表5-2。

表 5-2　出现的技术故障及具体的原因

序号	技术故障	出现故障的具体原因
1		
2		
3		
4		

活动 2　解决直播间技术故障

小夏了解了直播间技术故障的常见状况以及出现故障的具体原因后,还需要清楚如何解决这些技术故障,这样才能在出现技术故障时临危不乱,尽快解决。

活动步骤

步骤 1:提出解决方案

对于不同的技术故障问题应提出对应的解决方案,具体的解决方案如表 5-3 所示。

表 5-3　技术故障问题的解决方案

技术故障问题	解决方案
网络问题	① 检查网络连接是否正常,确保网络信号稳定 ② 尝试切换到其他网络,如使用移动数据网络代替 Wi-Fi ③ 关闭其他占用网络带宽的应用程序或设备,确保网络带宽充足 ④ 使用更稳定的网络连接,如有线网络代替无线网络
软硬件问题	① 检查话筒或音频设备的连接是否正常,确保音频输入和输出正常 ② 调整话筒或音频设备的音量和增益设置;使用降噪设备或软件,减少背景噪声的干扰 ③ 尽量减少视频编码和传播的延迟,选择适当的视频编码参数和传输协议;尝试调整视频和音频的延迟参数,使其保持同步,也可尝试使用专业的视频同步工具进行处理 ④ 尝试使用专业的直播软件或硬件设备,获得更好的流媒体传播效果 ⑤ 调整直播软件或平台的设置,减少视频缓冲和处理时间,确保视频和音频同步 ⑥ 检查摄像头或采集设备的设置,确保使用高质量的视频源;降低直播画质或分辨率,减少视频数据传输量 ⑦ 检查直播软件或平台的互动功能设置,确保观众可以正常进行评论、点赞等操作;提前测试互动功能,确保观众的互动信息能够及时显示
操作失误问题	① 在直播开始前,确保所有操作都铭记于心,并在直播过程中保持注意力,避免误操作 ② 如果发生操作失误导致的技术故障,及时采取纠正措施,并向观众解释情况并道歉,以保持直播的流畅性和专业性

续表

技术故障问题	解决方案
其他问题	① 确认第三方服务或集成的配置正确，包括密钥、令牌、API（Application Program Interface，应用程序接口）设置等 ② 检查是否需要更新第三方服务或集成的版本，以确保与直播软件或平台的兼容性 ③ 及时联系第三方服务或集成的技术支持团队，并提供详细的问题描述和相关日志，以便技术支持团队能够更好地理解和解决问题 ④ 检查直播软件或平台是否有更新或升级的版本，以修复与第三方服务或集成的兼容性问题。在更新或升级之前，确保备份重要的直播数据和设置，以防止数据丢失或配置丢失 ⑤ 可以考虑寻找替代的第三方服务或集成。如果没有替代方案，可以尝试使用其他方法或工具来实现需要的功能，以暂时解决问题

步骤 2：排除故障

处理完技术故障问题后，还需要进一步排除故障，这就需要进行直播测试。直播测试有助于排除故障，也有助于直播销售人员查漏补缺，及时发现问题、解决问题。直播测试的基本步骤如下。

（1）开启直播设备。

检查计算机、手机、支架、网络、灯光等设备是否存在问题，发现问题后立即修复或更换设备，确保直播硬件不出现任何纰漏。

（2）进入直播间。

登录直播平台，进入直播间，查看直播画面是否清晰、流畅。如果在这个过程中发现问题，应立即标记并快速解决。

（3）演练直播方案。

直播销售人员可以登录另一个账号按照直播方案进行直播，从开场互动到中场互动，再到后期引流促单，检验直播方案是否还存在漏洞。

活动实践

活动 1 中提出了常见的技术故障问题，请同学们帮助小夏对问题提出具体的解决方案，并通过小组合作的方式帮小夏排除直播间技术故障。将具体的方案及排除故障的操作过程填写在下列横线处。

解决方案：_____

_____

排除故障的操作过程：_____

_____

【任务拓展】

某抖音直播达人在某场直播过程中接连不断地出现技术故障问题。首先在直播准备开始时，直播软件一直打不开，打开后直播画面有些失真。后来在直播过程中又出现了卡顿，还时不时黑屏、无声音。

请分析出现技术故障的原因，并提出具体的解决方案，完成表 5-4。

表 5-4　技术故障问题分析

技术故障	出现技术故障的可能原因	具体的解决方案

【任务评价】

根据实践活动过程及实践活动结果，进行学生自评、学生互评与教师点评。

考核内容	具体要求	评价		
		学生自评	学生互评	教师点评
知识掌握	能够阐述直播销售过程中遇到的常见技术故障状况			
技能要求	能够分析出现技术故障的原因，并提出具体的解决方案，排除技术故障			

任务二　直播间商品问题处理

【职场情境】

“桂品味道”的直播销售团队在上一场直播过程中，出现了一些小插曲，直播销售人员在商品讲解过程中，没有描述清楚商品的特点和功能，导致一部分粉丝并不了解直播间推荐的商品，从而放弃购买商品，甚至还出现一些粉丝在此过程中取消关注。这也反映出直播间的突发状况除了技术故障，还有商品问题。小夏在前面了解了如何处理直播间的技术故障问题，现在还需要清楚如何处理直播间的商品问题，这样才会在遇到类似上面的商品问题时，能够及时应对并解决问题。

【任务分析】

作为直播销售人员，小夏在直播间遇到商品问题时，应第一时间站在用户的立场上和商家沟通交涉，以真诚的态度向用户致歉，与商家协商并给出更好的解决方案。那么小夏要处理这些商品问题，首先需要清楚直播间的商品问题有哪些，具体的原因是什么，还需要了解对应的处理方法和解决方案。

【任务实施】

活动 1　分析直播间常见的商品问题

小夏想要快速有效地解决直播间遇到的商品问题，就需要辨别发生的是哪种类型的商品问题，然后根据预案有针对性地解决问题。

活动步骤

步骤 1：探究商品问题的常见类型

直播间商品问题主要涉及质量问题、价格问题及售后问题。

1. 质量问题

商品质量问题主要有商品瑕疵、假货问题、质量不符预期等。

商品瑕疵：直播间中出现的商品可能存在瑕疵，如缺陷、损坏、不完整等。

假货问题：有时直播间中出现的商品可能是假冒伪劣商品，与实际商品质量不符。

质量不符预期：直播间中宣传的商品质量与用户实际收到的商品质量存在差异。

2. 价格问题

商品价格问题主要有虚假宣传、高价低质、价格波动等。

虚假宣传：直播间中有些商品可能存在虚假宣传，凭低价吸引用户，但实际价格与宣传不符。

高价低质：直播间中有些商品价格过高，与其质量和价值不匹配。

价格波动：直播间中的商品价格可能会出现波动，导致用户感到困惑和不满。

3. 售后问题

售后问题主要有以下几方面。

售后服务不到位：直播间中的售后服务可能存在不及时、不完善的问题，无法解决用户的问题。

退换货流程烦琐：直播间中的退换货流程可能复杂，用户需要耗费较多时间和精力进行处理。

售后服务态度差：直播间中的售后服务人员可能存在服务态度差、不耐烦等问题，给用户带来不良体验。

步骤 2：分析出现商品问题的具体原因

直播间出现商品问题的原因可以归纳为以下几个方面，如表 5-5 所示。

表 5-5 出现商品问题的原因

问题类型	具体原因
质量问题	① 供应商问题：供应商提供的商品质量不符合预期，导致商品存在瑕疵、假货等问题 ② 直播间监管不严：直播间对商品来源和质量控制的监管不够严格，导致假货流入 ③ 选品不合格：直播运营团队在选品过程中，没有严格把控质量，导致产品质量不符合要求
价格问题	① 恶意竞争：部分直播间为打击竞争对手，故意进行虚假价格宣传，导致实际购买价格过高 ② 价格和质量不匹配：直播间的定价不合理，导致商品价格和价值不匹配

续表

问题类型	具体原因
售后问题	① 物流问题：物流公司服务不到位，导致商品配送延迟、损坏或丢失；物流环节中可能存在信息不透明、流程不规范等问题，导致问题的发生和处理不及时 ② 操作失误：直播销售人员在操作过程中出现错误，如错漏商品信息；处理订单、物流等环节中出现疏忽或错误，导致用户遭遇收货问题 ③ 售后服务体系不完善：直播间中的售后服务可能缺乏标准化的流程和规范，导致处理问题的效率和质量不高 ④ 售后服务人员素质不高：售后服务人员可能缺乏专业知识和耐心，对用户的问题处理不到位，态度不友好

除了以上原因外，还存在直播销售人员知识和经验不足等原因，如直播销售人员对商品了解不够全面，无法提供准确的商品信息和描述；直播销售人员缺乏相关行业知识，无法判断商品的质量和真实价值。

活动实践

下面是"桂品味道"某场直播销售活动的现场情况，请同学们找出这场直播存在的商品问题，并分析产生这些问题的原因，填写表5-6。

"桂品味道"在一场新品直播销售活动中，直播前半段很顺利。在直播过程中主播介绍了新上架的本地杧果非常甜，而且都是新鲜采摘的。同时为了向粉丝展示杧果的口味及新鲜度，主播现场试吃，可是在打开包装盒的时候，明显可以看到直播间中展示的杧果有部分坏掉了，后来主播在试吃表面没有问题的杧果时，脸上出现了痛苦的表情，说明杧果并没有说得那么甜。而且直播间说的价格是59元一箱，但是购买页面却写着69元一箱。在直播结束后的几天内，部分粉丝反映自己还没有收到货，经售后人员查看修改，才最终解决了这一问题。但是由于货物长时间运输，粉丝最终收到的杧果大部分坏掉了。

表5-6 案例中存在的商品问题及可能原因

案例中的情况	存在的商品问题	可能原因

活动2 处理直播间商品问题

小夏了解了直播间的商品问题以及出现的具体原因后，还需要清楚如何解决这些商品问题。

活动步骤

步骤 1：提出处理方法

处理直播间商品问题时可以根据具体情况按以下几个步骤处理。

1. 及时发现问题

监控直播间的弹幕和评论，倾听用户的意见和建议，关注用户的疑问和不满意的地方，及时发现用户对商品的反馈和提出的问题。

2. 快速回应和解释

如果用户提出问题或投诉，及时回复并解释情况，保持沟通和联系，并提供准确的商品信息和描述，澄清可能存在的误解。

3. 提供解决方案

针对不同的商品问题，提供相应的解决方案，如退换货、补偿或售后服务等。如果问题是由供应商或物流引起的，积极与供应商或物流合作伙伴联系并协商解决办法。

4. 避免类似问题再次发生

加强对直播销售人员的培训和指导，提高直播销售人员对商品的了解程度和专业素养。同时，严格审核和筛选供应商，确保商品质量和真实性。除此之外，还需加强对物流合作伙伴的管理和监督，确保商品配送的可靠性和及时性。

5. 改进直播流程和策略

及时分析和总结出现商品问题的原因，对直播流程和策略进行调整和改进。加强与用户的互动和沟通，提高用户满意度和信任度。

6. 建立售后服务体系

设立专门的售后服务团队，处理商品问题和用户投诉，并建立完善的售后服务流程，确保及时响应和解决用户的问题。

采用以上处理方法，可以有效地解决直播间出现的商品问题，并优化用户的购物体验和提高其满意度。同时，与直播平台和供应商保持良好的沟通和合作，共同解决问题，也是非常重要的。

步骤 2：制定解决方案

小夏了解了具体的处理方法后，就需要对存在的问题制定具体的解决方案。针对不同的商品问题，可以采取以下方案，如表 5-7 所示。

表 5-7　商品问题的解决方案

商品问题	具体的解决方案
质量问题	① 加强供应链管理：与供应商建立良好的合作关系，要求供应商建立有效的质量管理体系，确保提供符合质量标准的商品 ② 增加质量检查和抽样检测：在商品进入直播间前进行质量检查，抽样检测商品的质量，确保商品符合质量要求 ③ 制定明确的退换货政策：制定明确的退换货政策，对于存在质量问题的商品，提供及时的退换货服务，保护用户的权益

续表

商品问题	具体的解决方案
价格问题	① 提供真实的价格信息：直播间应提供真实的商品价格信息，避免虚假宣传和误导用户 ② 建立价格监管机制：建立价格监管机制，确保商品的定价合理，与其质量和价值相符 ③ 提高促销活动的透明度：如果有促销活动，直播间应提供活动的规则和有效期，避免用户因为价格波动而感到困惑
售后问题	① 建立完善的售后服务体系：直播间应建立完善的售后服务体系，包括退换货流程、投诉处理机制等，确保用户能够及时得到有效的售后支持 ② 培训售后服务人员：提供专业的培训，提高售后服务人员的沟通能力和问题解决能力，确保用户得到良好的售后体验 ③ 加强售后服务监督：对售后服务进行监督和评估，及时发现问题并进行改进，提高售后服务质量 ④ 直播销售人员在直播过程中要细心操作，避免错漏商品信息和订单处理错误

直播平台、供应商、直播销售人员、物流公司和售后服务团队共同努力，可以降低直播间出现商品问题的概率，提升直播间的商品质量和服务水平，提高用户的信任度和满意度。

活动实践

请同学们根据活动 1 中已分析完成的商品问题及其原因，帮助小夏梳理出具体的解决方法，并制定合理的解决方案。将问题的处理过程及具体的解决方案填写在下列横线处。

问题的处理过程：_____

_____

具体的解决方案：_____

_____

_____

【任务拓展】

刘晓是某直播平台旗下的助农直播达人。某场直播中，刘晓正在推销一款手工打造的炒锅。品牌方提供的资料显示，该款炒锅属于传统圆底铁锅（见图 5-2），手工锻打而成，无化学涂层，耐高温。然而在上架商品时，刘晓上架了一款平底锅（见图 5-3），用户提醒后她才发现出错了，此时已经有不少用户下单了。

图 5-2　传统圆底铁锅

图 5-3　平底锅

请结合上面的案例，分析出现商品问题的原因，并提出具体的解决方案，完成表 5-8。

表 5-8　案例中的商品问题及出现原因和解决方案

案例中的商品问题	出现这一问题的原因	具体的解决方案

【任务评价】

根据实践活动过程及实践活动结果，进行学生自评、学生互评与教师点评。

考核内容	具体要求	评价		
		学生自评	学生互评	教师点评
知识掌握	能够总结出商品问题的常见类型及具体的内容			
技能要求	能够结合案例分析出现商品问题的原因，并能够提出具体的解决方案			

任务三　直播间用户负面评价处理

【职场情境】

"桂品味道"自从开展直播销售以来，已经连续组织了好几场直播活动，但是无论准备得多么充分、直播销售人员讲解得多么顺畅，每一场直播都会出现一些负面评价。

根据国家七部门联合发布的《网络直播营销管理办法（试行）》第二十一条规定："直播间运营者、直播营销人员应当依据平台服务协议做好语音和视频连线、评论、弹幕等互动内容的实时管理，不得以删除、屏蔽相关不利评价等方式欺骗、误导用户。"因此，为了能够有效、合理地解决这些负面评价，小夏需要了解如何处理直播间用户负面评价的问题。

【任务分析】

主播在直播过程中，经常会遇到一些用户发送对主播负面评价的弹幕。小夏作为直播新人，面对这样的情况，首先需要约束自己的行为，控制自己的情绪，尽可能以正面的方式来应对。那么，小夏首先需要了解用户负面评价的来源以及造成负面评价的具体原因是什么，然后根据具体的来源选择合理的处理方法，并提出有效的解决方案。

【任务实施】

👤 活动1　分析直播间用户负面评价的原因

　　小夏想要合理、有效地处理直播间的用户负面评价问题，就需要分析用户负面评价的原因是什么。因此，小夏认为自己首先要了解用户负面评价的主要来源有哪些，并分析出造成负面评价的具体原因是什么，这样才能根据具体的问题提出相应的解决方案。

活动步骤

步骤1：整理用户负面评价的主要来源

　　在直播过程中，用户若是对直播间提供的服务或商品感到不满意，就会产生负面情绪，可能会在直播间进行负面评价。这些评价可能涉及直播间的各个方面，如直播内容质量、技术故障、客户服务、商品质量等。负面评价通常表达了用户的抱怨、失望或不满等。

　　除了上述对观看直播体验的负面反馈外，还有一些用户在直播间故意发布虚假、恶意、诽谤性或攻击性的评价，旨在给直播间或其相关人员带来负面影响或损害声誉。这些评价可能是出于个人恶意攻击、竞争对手的恶意竞争、网络欺凌或其他不良动机等。这些行为是不道德的，是损害他人利益的，甚至可能会触犯法律法规，因此作为用户要避免对他人进行这样的评价。

步骤2：分析造成负面评价的原因

　　造成直播间出现用户负面评价的主要原因有三个，即直播间存在商品问题、服务问题以及其他问题。

1.　商品问题

　　直播间的商品问题主要包括商品质量问题和商品价格问题。比如直播间选择的供应商存在质量控制不严格或提供低质量的商品等行为；直播间销售人员对商品质量检查不到位；直播间存在假冒伪劣商品；直播间存在虚假宣传，夸大商品的功能、效果误导用户现象；直播间宣传商品价格与实际不符；直播间商品定价不合理；等等。用户因收到质量低劣、假冒伪劣、虚假宣传、价格不符的商品而对直播间进行差评等负面评价。

2.　服务问题

　　直播间的售后服务问题可能表现为反应不及时，导致用户的问题得不到及时解决；直播间的售后服务人员态度不友好、不耐心或处理问题的能力不足和方式不当，导致用户的投诉和问题得不到妥善处理；直播间选择的物流合作伙伴可能存在配送延迟、损坏或丢失商品等问题；直播间可能在物流管理方面存在不足，导致物流问题频发等。

　　这些服务问题会直接影响用户的体验，从而会给直播间带来负面评价。

3. 其他问题

还有一些用户，可能属于直播间的竞争对手，为了恶意竞争，对直播间进行负面评价；此外还会有一些不友好的用户，单纯想发泄情绪或诋毁他人，而在直播间发送恶意弹幕等。

活动实践

下面是"桂品味道"某一场直播过程的现场用户评价情况，请同学们找出这场直播存在的用户负面评价问题，并分析造成这些问题的原因可能有哪些，完成表5-9。

"桂品味道"的某场粉丝福利会直播营销活动中，直播间的评论区中出现了如下评论。

"就这质量还敢拿出来卖，欺骗消费者！"

"不建议大家买，东西不好用，大家慎重。"

"东西不错，主播还给了很多赠品。"

"服务也太差劲了吧，问了半天也没人回应，还卖不卖？"

"一天就收到货了，而且售后服务还说明了具体的注意事项，很细心。"

除了评论区外，直播间的弹幕也异常活跃，如"长这样还能当主播""主播怎么那么黑""主播你赶紧退下吧""垃圾直播间""快上链接""假货，×××这家不错""明显伪劣商品""主播有气质"等弹幕内容。

表5-9 案例中负面评价内容及来源和可能的原因

案例中的负面评价内容	负面评价的来源	造成的可能原因

活动2 处理直播间用户负面评价问题

小夏了解了直播间用户负面评价的主要来源以及造成负面评价的具体原因后，还需要清楚如何处理这些负面评价，这样才能在出现用户负面评价问题时，控制情绪、及时补救。

活动步骤

步骤1：剖析负面评价的处理方式

对于用户负面评价的不同情况应采取不同的处理方法，比如对于负面的用户体验反馈，可致歉、私聊；对于恶意差评应保持平和心态、不与用户互骂等。具体处理方法如下。

1. 应对负面的用户体验反馈的方法

直播销售人员对负面的用户体验反馈的处理主要有以下两种方式。

（1）致歉。

对于负面的用户体验反馈，应虚心听取并感谢用户的反馈，并真诚地向用户道歉。即便不是自己的过错，直播销售人员也要及时说明原因。针对提到的具体问题，积极回应，并采取措施解决问题。这样做不仅能争取到用户的理解与谅解，还有助于塑造良好的形象。

（2）私聊。

如果能够确认与自己起争执的用户是自己的粉丝，且仅仅是因为某个问题产生不满，那么在微博、微信等公众平台上进行道歉后，主播不妨与这位有情绪的粉丝私聊，说明当时的情况，让其感受到自己的真诚态度，尽可能让其谅解自己并释怀。这样做一方面可以避免用户在愤怒的情绪下在社群里发布各种负面信息，有损自己的形象；另一方面，在征得对方的同意后，主播还可以将双方的聊天记录截图发布到公众平台上，说明与此用户的问题已经解决，以安抚其他用户的情绪。

2. 应对恶意差评的方法

直播销售人员对用户的恶意评价要正确从容地对待，以下是几点应对恶意差评的方法。

（1）不被弹幕激怒。

经常有一些用户会在直播间发送弹幕，恶意评价直播销售人员，无理取闹。当面对这些恶意弹幕时，直播销售人员不能轻易被激怒，可以选择忽略这些评价，保持冷静，不要被情绪左右。若是这样的弹幕出现次数太多或者恶意评价太过分时，可以让管理员禁言。尽量冷静理智地解决，避免采用过激的方式。

（2）积极回应。

在直播间与用户互骂是一种极不理智的行为。对于恶意评价，可以采取积极回应的方式，向用户解释事实、澄清误解，以及提供解决方案。通过专业、礼貌的回应，向用户传递积极的态度和解决问题的意愿。如果恶意评价违反了直播间的规范或行为准则，直播间可以向平台申请删除这些评价。

（3）用事实驳斥恶意评价。

对于恶意评价的不实指控，直播间可以提供相关的证据和事实，澄清误解，维护自身的权益和声誉。同时通过提供真实可靠的商品和服务，取得用户信任。加强与用户的沟通和互动，积极回应用户的需求和反馈，树立良好的声誉。

步骤2：提出负面评价的解决方案。

可从以下两个维度提出解决方案。

1. 针对负面的用户体验反馈的解决方案

解决直播间用户负面评价的问题需要综合考虑多个方面，可以从以下几方面提出具体的解决方案。

（1）倾听用户反馈。

认真倾听用户反馈，了解他们的关切和不满之处。可以通过在线调查方式主动收集用户的反馈。

（2）及时回应和解决问题。

对于用户的负面评价，直播间应及时回应并积极解决问题。回复用户的评论，表达关心并承诺解决问题，然后采取适当的行动来解决用户的问题。

（3）提供补偿和赔偿。

对于因直播间的错误或失误导致用户不满的情况，直播间可以考虑提供适当的补偿和赔偿，以弥补用户的损失。

（4）加强内部管理和培训。

直播间应加强内部管理，确保工作流程的顺畅和品控的稳定；同时，为员工提供培训和指导，提高他们的专业能力和服务水平。

（5）审查供应商和合作伙伴。

直播间应审查供应商和合作伙伴，确保他们的信誉可靠，提供的商品质量符合预期。与有良好声誉和质量保证的供应商和合作伙伴建立合作关系，减少负面评价。

（6）加强售后服务。

建立完善的售后服务体系，提供及时、专业的售后支持。培训售后服务团队，提高他们的服务水平和解决问题的能力。

（7）优化用户体验。

关注用户体验，不断改进直播间的界面设计、功能和交互体验，提供简洁、直观、易用的界面和功能，提升用户的满意度。

（8）加强沟通和透明度。

建立与用户良好沟通的渠道，及时向用户提供信息，保持透明度。定期公开透明地沟通，增加用户对直播间的信任度。

2. 针对恶意评价的解决方案

对于直播间出现的恶意评价可根据评价内容的严重情况，采取不同的解决方案。

（1）监测和筛选。

使用专业的监测工具和筛选系统来监测和过滤恶意评价。这些工具可以帮助直播间自动识别和屏蔽恶意评价，减少其对直播间的影响。

（2）严格实施用户规范和行为准则。

制定并严格执行用户规范和行为准则，明确禁止恶意评价和攻击性言论。直播间可以在直播间页面或注册页面上公开展示这些规范，提醒用户遵守。

（3）强化账号验证和身份认证。

要求用户进行账号验证和身份认证，这样可以减少匿名用户的数量，降低恶意评价的风险。

（4）平台介入。

为用户提供举报恶意评价的机制，鼓励用户积极参与维护直播间的秩序。直播间应及时处理这些举报，并与平台合作删除那些虚假的、不准确的、恶意编造的评价。

（5）走法律途径维权。

对于严重的恶意评价，直播间可以考虑走法律途径维护自身权益。与专业的法律团队合作，寻求法律支持和建议。

活动实践

请同学们根据活动1中分析出的用户负面评价及造成负面评价的原因，帮助小夏梳理出具体的处理方法，并制定合理的解决方案。将问题的处理方法及具体的解决方案填写在下列横线处。

用户负面评价的处理方法：_____

_____

具体的解决方案：_____

_____

【任务拓展】

请同学们任选一个直播平台，进入某直播间，通过查看直播间评论内容及弹幕内容，分析该直播间存在的用户负面评价问题，并对这些问题提出具体的解决方案，并完成表5-10。

表5-10　直播间用户负面评价案例分析

直播平台	直播间	存在的负面评价问题	具体的解决方案

【任务评价】

根据实践活动过程及实践活动结果，进行学生自评、学生互评与教师点评。

考核内容	具体要求	评价		
		学生自评	学生互评	教师点评
知识掌握	能够阐述直播间用户负面评价的来源和出现负面评价的原因			
技能要求	能够处理案例中的用户负面评价问题，并提出具体的解决方案			

✂ **岗课赛证**

竞赛直达

客户异议处理

任务背景：

九五家居旗舰店正在销售牙刷置物架、保鲜袋、挂钩、脏衣篓、便携餐具五款商品。在商品销售过程中会遇到各种各样的客户异议，客服人员在服务的过程中遇到客户提出了如下异议。

"我想要一款结实的保鲜袋，看你家这款好像不太结实呢。"

"我只想买一个大尺寸的保鲜袋，不要组合装的。"

任务素材：

服务信息文档一份，商品信息文档一份，网店信息文档一份。

任务要求：

（1）根据客户提出的异议，判断客户异议类型。

（2）分析客户异议产生原因，结合网店信息、服务信息和商品信息，制定客户异议处理方案。

项目六

直播销售后期运营

项目概述

　　一场完整的直播销售服务分为售前、售中及售后服务，当客户在规定期间内完成验收且没有售后问题，交易才算完成。直播销售与线下销售不同，客户在购买时无法触摸实物，无法试用、试吃或试穿，如此便会增加售后的概率。所以售后服务稍有不慎就会影响店铺口碑及评分，不利于店铺后续发展。

　　直播销售需要完整且有效的后期运营规划及方案。直播销售团队要以改善客户体验为主旨，以维护及管理售后群体为主要目标，有效地完成直播销售的后期运营。

学习目标

知识目标

1．了解直播售后管理流程。

2．熟悉直播售后处理的方式。

3．掌握直播平台售后操作。

技能目标

1．能够分析售后管理流程。

2．能够完成各情景下的售后处理操作。

3．能够完成直播平台售后处理操作。

素养目标

1．具备刻苦钻研、坚持不懈的"钉子"精神，不断提升自己的学习能力，丰富自己的知识储备。

2．具备诚实守信的道德理念，遵守法律法规，坚决不触碰法律红线。

项目实施流程

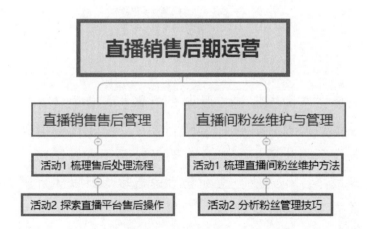

项目实施准备

直播销售后期运营的项目实施准备清单如表 6-1 所示。

表 6-1 直播销售后期运营的项目实施准备清单

项目	具体内容	用处
设备	良好的网络环境、正常且稳定的多媒体设备、提词器、领夹式话筒	教学演示、自主学习、合作探究
资料	直播销售后期运营相关的教材、微课、直播大纲等资料	学生自主学习
案例	有关不同售后问题、直播间粉丝维护及管理的实际案例、视频等	教师案例展示
人员安排	2~3 人一组，通过网络搜索学习资料，并借助案例，开展活动	小组合作探究

任务一 直播销售售后管理

【职场情境】

小夏顺利完成公司规定的直播任务，结束了以"桂品味道"品牌商品为主题的直播销售活动。但小夏的考核还没有结束，售出商品并不代表销售活动的结束，而是在规定期限内客户确认收货且无售后问题，才算销售成功。陈经理为了让小夏了解售前、售中、售后的流程，安排小夏学习直播售后管理事宜，熟悉售后及客服人员的相关工作，掌握直播销售全过程。

【任务分析】

虽然小夏已经熟悉了直播前期规划及直播实施的相关知识，也学习了直播过程中突发状况如何处理，但对直播售后突发状况如何处理还不够了解。为了熟悉售后流程及操作，掌握售后突发状况的处理方法，小夏还需要学习售后管理的相关知识，了解售后处理流程，便于在遇到相关售后问题时，能及时解决、处理问题，从而优化客户购物体验。

【任务实施】

活动 1 梳理售后处理流程

小夏想要顺利售出商品，除了要了解直播销售的具体工作外，还要了解可能出现的售后问题，以及问题的处理方式。只有在规定时间内客户确认收货且无售后情况出现，交易才算成功，所以处理售后问题相当重要。因此，作为直播销售人员或运营人员，需要具有独立思考、勇于探究的科学精神，积极参与直播学习与实践，对售后流程有全面的认识，掌握售后管理的具体方法，不断提升自身的售后处理能力，这样才能为客户提供更好的售后体验，有利于直播间的发展。

活动步骤

步骤 1：了解直播售后处理流程

售后问题主要有商品退换、问题咨询、售后维修、售后跟踪、投诉处理等。如遇客户反馈售后问题，卖家或平台服务人员应积极解决。售后人员需在相应的模板对问题进行处理。售后处理流程如下。

（1）接收售后消息。有两个渠道可接收售后消息：一是企业的客服处，二是客户端。

（2）快速响应。客户提交了售后申请后，直播售后人员需快速与其沟通，避免客户等待时间过长而直接给差评。

（3）收集订单信息。查看客户订单相关信息，确认订单现阶段状态。

（4）解决问题。具体情况具体分析，如确实为卖方问题，与客户友好沟通，并提出客户可接受的解决方法。

（5）记录与分析。售后人员完成问题记录与反馈，并分析其原因，方便后续改进与预防。

步骤 2：分析四类售后问题处理流程

售后问题的种类繁多，每类问题都有各自的细分处理流程，这里从问题咨询、商品退换、客户投诉、商品物流跟踪这四类常见售后问题入手，来分析其具体的处理流程。

（1）问题咨询处理流程。

问题咨询是最常见的售后问题，其中包括商品、订单、售后服务、优惠活动、技术支持等相关问题的咨询。咨询对客户来说是快速解决问题的直接途径，对售后人员来说则是操作最简单的售后服务。如图 6-1 所示为问题咨询处理流程。

（2）商品退换流程。

当客户收到商品后，由于商品质量不符合预期、尺寸不合适、样式不喜欢或不满意、错误发货等，发起退换货申请时，售后人员要根据实际情况，判定退换货合理性及是否符合退换货条件，然后根据客户提出的退换货要求处理商品退换。如图 6-2 所示为商品退换流程。

（3）客户投诉处理流程。

在商品销售过程中，客户难免会因商品质量或功能、交付过程、售后人员态度消极等问题萌生投诉想法。尤其是直播销售，由于其"看得见，摸不着"的特性，客户对商品原本就持怀疑态度，一旦售后问题处理不当，更容易造成客户投诉。如图 6-3 所示为客户投诉处理流程。

（4）商品物流跟踪问题。

商品物流跟踪一般涉及两个阶段的工作：一是售中，客户未收到商品，要求售后人员查询物流状态；二是售后，客户退换货时售后人员查询客户退回商品状态。如图 6-4 所示为商品物流跟踪流程。

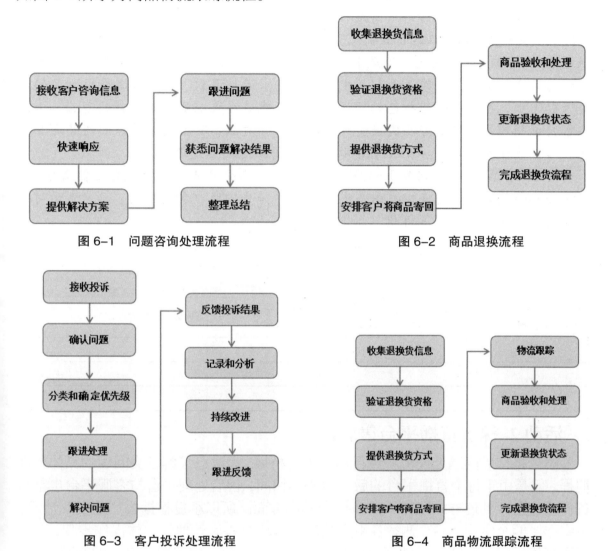

图 6-1　问题咨询处理流程

图 6-2　商品退换流程

图 6-3　客户投诉处理流程

图 6-4　商品物流跟踪流程

活动实践

　　请同学们以自主学习及合作探究的方式帮助小夏完成以下活动，并将结果填写在相应的表格中。

　　阅读下面一则案例，分析案例中涉及哪些售后问题，并将答案填写在表 6-2 中。

　　小刘是某水果类目直播间的客服兼售后人员，7 月 5 日她收到了"6·18"大促期间销售的商品售后问题，而这次的售后问题却让小刘焦头烂额。

　　售后 1：客户 A 反馈鲜果商品破损率高表示想要退货，小刘收到信息后快速查询订单信息，发现客户 A 在到货 3 天后才签收商品。当前正处于高温季节，水果本就不易存放，小刘说明原因，客户依旧想要退货且退全款。小刘要求其拍照确认鲜果商品破损情况，根据破损情况退款，再次沟通后客户才同意。

售后 2：客户 B 表示鲜果商品不足重，缺斤短两。小刘收到信息后，查看订单信息发现确实重量不符，但属于正常水汽蒸发带来的重量缺失，这个在直播间中主播多次强调过。但客户依旧认定商品不足重，要求退款，小刘表示拒绝退款，客户向平台投诉。

售后 3：客户 C 反馈果干制品中有虫，要求退货退款。小刘知道果干制品较甜会吸引飞虫，可能是快递打包的问题，也有可能是水果晾晒前果体就已有虫。小刘向客户说明原因，提出若还能接受可退其一部分货款，不能接受便寄回商品退其货款。客户表示退货退款，小刘表示收到退回商品后便会走退款流程。

售后 4：客户 D 收到果干制品，询问果干制品除开袋即食外的其他食用方法、食用频率等问题，小刘将相关图片发送给客户并告诉客户食用禁忌，客户表示对服务很满意，并给予小刘高评价。

表 6-2　售后描述及对应售后问题表

售后描述	对应售后问题
客户想要退货且退全款，小刘要求其拍照确认鲜果商品破损情况，根据破损情况退款，再次沟通后客户同意	退款未退货

活动 2　探索直播平台售后操作

小夏将售后问题处理流程进行总结和分析后，大致已了解各类问题的具体处理流程。但是由于每个直播平台的后台模块不相同，售后处理平台与客服平台也都有各自的特色，处理方式还需具体到平台操作方面。所以小夏根据公司的实际情况，决定选择两个常用平台，熟悉各平台的后台模块及售后处理的具体操作步骤，并根据不同售后情景思考售后处理流程及操作，总结经验，培养勤于反思的好习惯。

活动步骤

步骤 1：探究抖音平台售后操作

抖音售后平台由两部分组成，分别是售后工作台与飞鸽客服工作台。

1. 售后工作台

（1）登录售后工作台。

售后或客服人员登录"抖店"（见图 6-5），单击界面左侧工具栏的"售后"（见图 6-6），再单击"售后工作台"，便可进入售后工作台界面（见图 6-7），进而根据具体的售后情况完成后续的售后操作。

图 6–5　抖店登录界面

图 6–6　售后模块

图 6–7　售后工作台界面

（2）售后工作台简介。

在售后工作台可查看未发货退款待处理、已发货退款待处理、退货待处理等信息列表，如图 6-8 所示。任何售后问题都会在此列表中显示，根据问题类型查询售后订单即可查看售后情况，可在操作部分完成问题处理，也可在平台服务请求中根据服务类型查看售后信息并处理，如图 6-9 所示。

图 6–8　抖音售后工作台信息列表

图 6-9　平台服务请求模块

（3）售后工作台的重要功能。

① 高级查询。

高级查询支持商家根据不同条件快速筛选订单，且可筛选条件较多，如图 6-10 所示。

图 6-10　高级查询

常用筛选条件介绍如下。

a. 订单/售后编号、物流单号：支持批量查询，最多查询 100 条，不同单号之间需要用 "," 隔开，支持订单号和售后编号综合查询。

b. 商品名称/ID：最多可输入 30 个字。

c. 退货物流/发货物流：支持查询物流异常、物流运输状态、客户发货状态等。若一单包含多个包裹，任意一个包裹符合查询的物流状态，都将展示此售后单。

② 批量处理。

售后工作台支持商家对特定状态的售后单批量处理，此功能方便售后人员快速处理相同问题订单，如图 6-11 所示。

图 6-11　批量处理

a. 批量同意退款，筛选的是状态为"待商家处理"，且售后类型为"未发货仅退款""已发货仅退款"；或状态为"待客户退货""待商家收货"，且售后类型为"退货退款"的售后单。

b. 批量同意退货，筛选的是状态为"待商家处理"且售后类型为"退货退款"的售后单。

c. 批量同意换货，筛选的是状态为"待商家处理"且售后类型为"换货"的售后单。

d. 批量同意补寄，筛选的是状态为"待商家处理"且售后类型为"补寄"的售后单。

③ 自动化售后工具。

为了降低商家配置成本，抖音推出了自动化售后工具，只需设置售后单退款金额上限、买家售后原因、策略生效时间即可使用，如图 6-12 和图 6-13 所示。

图 6-12　自动化售后工具

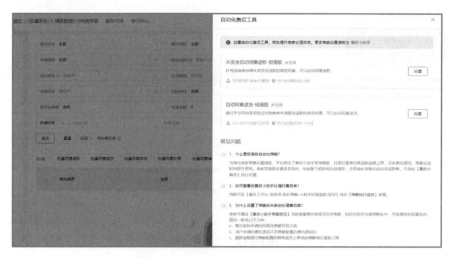

图 6-13　自动化售后工具设置

自动化售后工具包括"未发货自动同意退款-极简版"和"自动同意退货-极简版"两个版本，可从字面意思理解两个版本的功能。

a.　未发货自动同意退款-极简版：针对消费者申请未发货仅退款的某些场景，可以自动同意退款。

b.　自动同意退货-极简版：针对通过平台风控系统验证的消费者申请退货退款的某些场景，可以自动同意退货。

自动化售后工具设置后可简化售后人员工作流程，帮助其提升处理效率。

2.　飞鸽客服工作台

（1）登录飞鸽客服工作台。

登录"抖店"，单击界面右上角的"接待"（见图 6-14），即可进入飞鸽客服工作台界面（见图 6-15）。

图 6-14　飞鸽客服工作台入口

图 6-15　飞鸽客服工作台界面

（2）飞鸽客服工作台功能介绍。

飞鸽客服工作台包括客服状态设置（见图 6-16）、导航栏（包括数据、留言、客服管理等模块）（见图 6-17）、会话界面（由服务指标、聊天内容框、聊天会话框三个部分组成）（见图 6-18）、快速工作台（在画面右侧，有订单、商品、快捷短语、智能助手四个部分）（见图 6-19）。

图 6-16 客服状态设置

图 6-17 导航栏

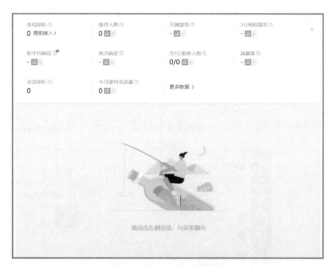

图 6-18 会话界面

通过以上四个模块的操作就能轻松完成客服售后工作，其中客服管理模块包含多个便捷功能，能够大幅度减轻客服工作，提升客服工作效率。

客服管理模块（见图 6-20）有"个人设置""自动化设置""机器人""客服工具""分流排队""应用管理"等功能。

图 6-19 快速工作台

图 6-20 客服管理模块

① 个人设置：可设置售后人员基础信息及快捷键。

② 自动化设置：可以设置客服开场白文案、常见问题及答案，减轻售后人员压力。

③ 机器人：机器人按照商家设置的规则，负责接待一部分客户，减轻人工压力。

④ 客服工具：用于设置快捷短语，提升响应速度。

⑤ 分流排队：在客户向人工客服咨询时，合理分配客服接待量，将客户分配给专业的客服，以高效处理客户咨询，避免客服接待量不均。

⑥ 应用管理：管理各类已购工具。

3. 后台操作步骤

下面主要以问题咨询为例来简述飞鸽客服工作后台的具体操作。

（1）接收咨询信息。

商家在飞鸽工作台接收到咨询信息，如图 6-21 所示的是客户询问何时发货。

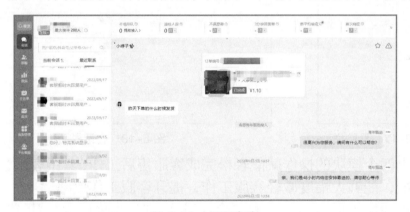

图 6-21　问题咨询

（2）确认订单信息。

根据订单信息，进入售后工作台查看订单的具体情况，如图 6-22 所示。

图 6-22　确认订单信息

（3）反馈结果。

订单信息查询完毕后，如在发货期限内，售后客服可以向客户反馈具体发货时间，并加以安抚，如图 6-23 所示；如超出发货期限，需先安抚客户，再提出补偿方案。

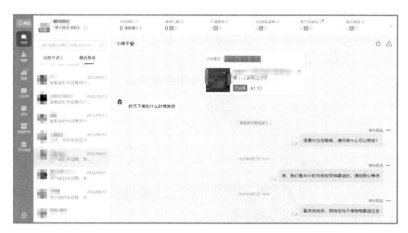

图 6-23　反馈结果

（4）跟踪物流信息。

订单发货后，可在后台"包裹中心"查询售后订单，跟踪订单的物流信息，如图 6-24 所示。

图 6-24　跟踪物流信息

（5）提醒客户查看物流状态。

物流信息更新后，可通过飞鸽工作台联系客户，提醒其查看商品物流状态。

步骤 2：探索淘宝平台售后操作

淘宝售后平台同样由两部分组成，分别是售后工作台（即千牛卖家工作台）与旺旺客服工作台。

1. 千牛卖家工作台

（1）登录千牛卖家工作台。

售后或客服人员可单击淘宝界面右上角"千牛卖家中心"（见图 6-25），进入千牛卖家工作台登录界面（见图 6-26）。输入登录信息后即可进入千牛卖家工作台界面，然后单击界面左侧"交易"，便可看到售后界面（见图 6-27）。

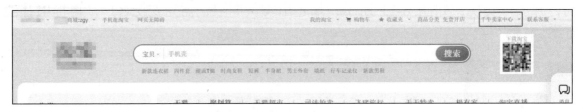

图 6-25　单击"千牛卖家中心"

图 6-26　千牛卖家工作台登录界面

图 6-27　千牛卖家工作台售后界面

（2）千牛卖家工作台功能。

千牛卖家工作台包含订单管理、物流管理、投诉与申诉三大模块（见图 6-28），这三大模块下包含了各种具体功能，如退款管理、评价处理、物流服务、包裹监控等（见图 6-29），客服可以根据实际情况使用相应功能完成问题处理。

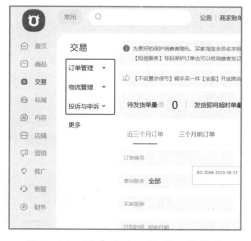

图 6-28　千牛卖家工作台三大模块

图 6-29　各模块的具体功能

除此之外，其他细分售后问题，可在平台导航栏中选择"客服"模块，单击界面左侧"售后任务"进行查看（见图 6-30），可通过选择"任务类型"列表中的选项（见图 6-31），对售后订单进行统一管理。

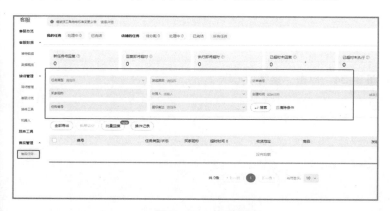

图 6-30　售后任务

图 6-31　任务类型

2. 旺旺客服工作台

（1）登录旺旺客服工作台。

需下载"千牛"App 或客户端（见图 6-32），才能运行"旺旺客服工作台"会话窗。

以"千牛"客户端为例，具体的登录流程为：下载"千牛"客户端—登录客户端（见图 6-33）—单击界面右上角"接待中心"（见图 6-34）—登录"旺旺客服工作台"（见图 6-35），即可进入旺旺客服工作台，并与客户沟通。

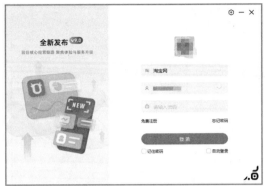

图 6-32　"千牛" App/客户端下载界面

图 6-33　客户端登录

图 6-34　单击"接待中心"

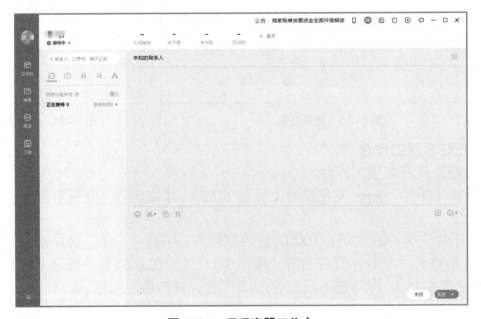

图 6-35　旺旺客服工作台

（2）旺旺客服工作台功能。

"旺旺客服工作台"与"飞鸽客服工作台"不同，该工作台只有会话功能，主要用于与客户进行沟通。左侧导航栏的任何模块，都需要跳转至千牛卖家工作台，单击"客服"模块（见图 6-36），选择相应的功能完成设置。

图 6-36 客服管理界面

3. 后台操作步骤

以已到货并要求退货的售后问题为例，简述旺旺客服工作台的具体操作。

（1）接收咨询信息。

售后人员在旺旺客服工作台接收客户咨询信息，如图 6-37 所示。

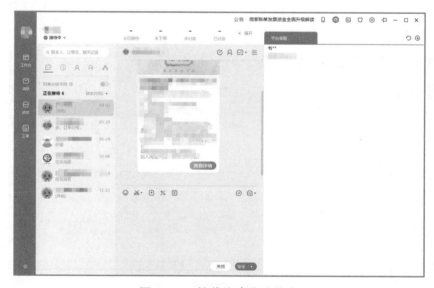

图 6-37 接收客户咨询信息

（2）确认订单信息。

根据客户订单信息，进入千牛卖家工作台查看订单具体情况，确认订单的下单时间、商品信息、物流状况等，如图 6-38 所示。

图 6-38　确认订单信息

（3）验证退货资格。

返回旺旺客服工作台，询问客户退货原因，如因商品瑕疵退货，需根据商品破损情况返还部分退款，或退全款。

（4）跟踪物流信息。

售后人员通过退货申请后，要求客户将货品寄回，根据客户提供的物流编号查询相关订单。

（5）商品退款。

售后处理人员收到退回的商品后，查看商品状态，确认无误后便可进行退款操作，可在"订单管理"中的"退款管理"模块下查看退款状态并进行操作，如图 6-39 所示。

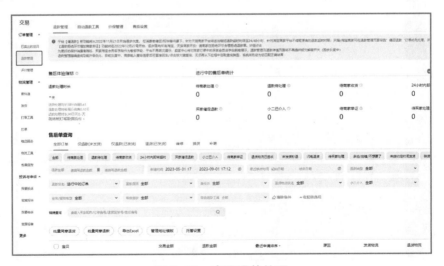

图 6-39　商品退款处理

（6）提醒客户查看退款进度。

退款后，可通过旺旺客服工作台联系客户，提醒其查看退款进度。

活动实践

　　小夏近期完成了"桂品味道"店铺的直播销售活动，销售菌菇、辣椒酱、米粉等商品，销量可观。这天小夏为了熟悉各岗位工作，协助售后处理人员处理售后问题，发现有位客户就退货问题进行咨询，客户表示收到的米粉出现涨袋问题，且收到商品数量与直播间所述不符，因此想要退货。这让小夏犯了难。

　　结合上述描述，简述如何通过抖音平台完成退货，并将具体的退货流程及相应操作步骤填写在下列横线上。

_____

_____

_____

【任务拓展】

　　青青是一名品牌美妆直播间的售后实习生，新上岗的她在处理售后问题时遇到这样一个问题：有位客户称购买的产品有致痘成分，造成面部损伤，表示想要退货。青青由于初次接触售后工作，不懂得如何处理问题，但她知道美妆产品使用后原则上是不可退换的，便按实情回复客户。此行为造成客户强烈不满，表示不试用如何得知产品是否合适，质疑条款不合理，且最后提出如不退货，便要走投诉流程。青青不知道该如何处理，请根据以上描述帮助青青处理本次售后问题，避免客户投诉。如需退货退款，请简述如何使用淘宝售后平台处理客户的售后问题。

_____

_____

_____

【任务评价】

根据实践活动过程及实践活动结果，进行学生自评、学生互评与教师点评。

考核内容	具体要求	评价		
		学生自评	学生互评	教师点评
知识掌握	能够阐述直播售后处理流程			
技能要求	能够独立通过抖音平台、淘宝平台完成具体的售后问题操作			

任务二　直播间粉丝维护与管理

【职场情境】

小夏根据陈经理的安排，已完成直播售后管理流程的学习，且掌握了直播平台售后模块操作方式。到目前为止，小夏已经学过大部分直播岗位的工作内容，也通过实操训练熟悉各平台的直播及后台操作流程。但小夏不想止步于主播及客服岗位，想提升能力尝试做些直播运营工作，而直播间的粉丝维护及管理往往是运营人员经营账号、维护私域流量的重要工作。陈经理也很支持小夏的想法，给她提供了相应的学习资料。

【任务分析】

小夏对除运营之外的工作内容已经基本掌握，但对直播运营依旧有不了解之处，尤其是对粉丝运营等私域流量相关的内容一窍不通。所以小夏为了进一步提升自身能力，秉持刻苦钻研的"钉子"精神和坚持不懈的探索精神，利用各个获取知识的渠道积极学习粉丝运营的相关内容，弥补自己这方面的欠缺。

【任务实施】

👤 活动1　梳理直播间粉丝维护方法

直播间粉丝维护并不是回复粉丝问题、偶尔发发福利这么简单，需要采用合理的方案及方法。基本的维护方式适合各类型粉丝，但想要维护并服务好每一位粉丝，就需要清楚知道粉丝的类型及特点，根据不同的粉丝调整维护方式。小夏总结了粉丝维护方法，并制定了适应不同粉丝的个性化维护方案。

活动步骤

步骤1：分析直播间粉丝类型及特点

不同类型的粉丝对产品的诉求有所不同，需要根据粉丝的类型及特点制定相应的个性化服务与关怀。通常情况下，根据特点不同，粉丝可分为以下几种类型，具体如表6-3所示。

表6-3　粉丝的五大类型及其特点

类型	特点
情感型粉丝	此类型粉丝，大多因为喜欢主播外表、性格等而关注直播间，可称为主播的忠实粉丝
产品发烧友型粉丝	此类型粉丝，大多因为产品具有绝对优势而关注直播间。他们出于两种情形关注直播间：①认可品牌，只要是品牌产品都愿意购买，恰好该主播销售此品牌产品；②该产品有性能优势，可为品牌替代品

续表

类型	特点
利益型粉丝	此类型粉丝，大多因为直播间福利多、性价比高、价格低而关注主播间，能在直播间享受优惠便是该粉丝群体不取关的关键
社交型粉丝	此类型粉丝，更注重与其他粉丝的互动和交流，他们通过直播间的社交功能，与其他粉丝分享购物心得、交流使用体验等
学习型粉丝	此类型粉丝，更注重直播间的知识与价值输出，以学习知识与理念为目的，加强与主播的交流与互动

步骤2：制定直播间粉丝维护的方法

（1）建立良好的互动机制。

良好的互动机制是维护粉丝的基础。主播首先需要及时回应粉丝，并与其进行互动，之后还需要丰富互动内容。

① 及时回应和互动。

主播及时回应粉丝的评论、提问，给予他们充分的关注和回应。比如可以通过发布作品，或在粉丝作品下留言来增强与粉丝间的互动，以增强粉丝黏性。

② 丰富互动内容。

提供多样化的互动内容，如抽奖、互动游戏、投票等，吸引粉丝参与互动。丰富多样的互动环节能够增加粉丝的参与度，提高直播的趣味性和互动性。同时要注意的是，在设计互动内容时需坚守道德底线，不可利用话术及互动操作触碰红线。

（2）激励粉丝参与分享。

① 提供有趣和有价值的内容。

确保直播内容有吸引力，能够引起粉丝的兴趣。如主播可提供有趣的话题、互动游戏、精彩的表演或实用的知识等，让粉丝觉得参与直播是有价值的。

② 创造分享价值。

设计与直播相关的独特、有趣或有用的内容，也可以增加福利和加大奖励力度，让粉丝觉得分享内容给他人是有价值的。

③ 拓宽宣传渠道。

拓宽宣传渠道，比如在社交媒体及社群分享直播内容和互动体验。提供便捷的分享方式或引导粉丝通过特定的标签或主题进行分享，让更多人了解和进入直播间；鼓励粉丝分享观看直播的心得体会、互动截图等，增强其分享的动力和欲望。

（3）创造独特的粉丝福利。

给粉丝提供独家的观看体验、幕后花絮、专属资讯等，也可以提供专属福利，如优惠券、红包、免单、粉丝专属定制礼物等，这些都可以增强粉丝黏性。

步骤3：剖析各类型粉丝维护的具体方法

表6-4所示为各类型粉丝维护的具体方法。

表6-4 各类型粉丝维护的具体方法

粉丝类型	维护方法		
	建立良好的互动机制	激励粉丝参与分享	创造独特的粉丝福利
情感型粉丝	（1）随时维持人设 （2）多输出话题，积极回应留言与互动 （3）必要时可组织线下见面会	（1）优化话术以拉近与粉丝距离，请粉丝分享直播间 （2）策划互动活动，积极邀请粉丝参与	（1）赠予专属福利，如定制礼物 （2）根据粉丝等级，赠送优惠券及产品
产品发烧友型粉丝	（1）多输出产品话题，多增加提问环节，邀请粉丝评论 （2）邀请粉丝使用产品，并以视频或评论的形式说明使用心得	（1）优化话术，重点描述产品性能、特点 （2）策划互动活动，积极邀请粉丝参与	给予产品优先使用权
利益型粉丝	（1）在合理范围内，尽可能增大优惠力度 （2）增加免单次数及红包金额与发布次数 （3）利用引导话术，增加粉丝互动频率，并增大活动力度	以赠送礼物及给予优惠的方式，邀请粉丝分享并宣传直播间	（1）推出优惠低价产品 （2）根据粉丝等级，赠送优惠券及产品
社交型粉丝	（1）利用粉丝的分享欲，引导粉丝在评论区分享使用心得与经验 （2）在合理范围内，将粉丝发展成为粉丝群管理员或产品试用员	邀请粉丝以视频、图文、直播等形式分享产品及直播间，并赠其福利	（1）给予产品优先使用权 （2）给予产品专属折扣
学习型粉丝	（1）维持人设 （2）多在直播间输出有价值的内容 （3）邀请粉丝表达自己的想法，参与脚本制作等	邀请粉丝分享直播间，并赠其专属学习资源包	（1）使用粉丝提供的脚本及内容，让粉丝感到被重视 （2）多次采纳其建议，增加粉丝的存在感 （3）可赠送粉丝感兴趣的资料

活动实践

请同学们以自主学习及合作探究的方式帮助小夏完成以下活动，并将结果填写在相应的表格中。

根据情景描述说明粉丝维护方法，并将结果填入表6-5中。

表 6-5 粉丝维护方法

情景描述	维护方法
小夏发现每个作品都有几个非常活跃的粉丝积极评论、点赞，这些粉丝也都会积极参与每场直播，在评论区发声，并多次表达对主播的喜爱	此类粉丝属于情感型粉丝，可为其争取特有福利，比如季度奖品及购物专属优惠及礼品
小夏发现粉丝群里有几个粉丝虽然不活跃，但是经常会领取群里的红包或优惠券，并购买优惠商品	
小夏发现粉丝群里有大部分粉丝喜欢聊天，分享产品使用心得及生活妙招，有时还与其他粉丝互动，但从不购买产品	
小夏每次发布活动视频或直播间活动时，有很多粉丝不会经常互动，但只要有电子产品或性价比较高的生活用品，他们都会积极提出自己的观点	

👤 活动 2 分析粉丝管理技巧

想要吸引粉丝关注，甚至引入私域粉丝群，除了要维护好每位粉丝，还要有针对性地管理好粉丝群。透明且合理的管理制度及方式能提升粉丝黏性，也能提高粉丝对主播的亲密度与信任度。管理好粉丝群是对账号后期变现及持续运营的保障。

活动步骤

步骤 1：建立粉丝分层管理机制

各直播平台都有协助运营管理粉丝群及根据粉丝活跃度与主播的亲密值划分粉丝等级的机制。可以根据粉丝等级设置粉丝群门槛，规定满足等级才可进群，等级不同的粉丝获得优惠及福利不同等。每个粉丝群中可设置管理员，协助运营人员完成粉丝群的日常管理、福利发放、消息汇总、问题解答等。

步骤 2：分析数据以帮助运营决策

每场直播结束后，各直播平台后台都会有数据分析，如账号粉丝画像。通过粉丝画像可以清楚地了解粉丝喜好及粉丝活跃时间段、消费区间、粉丝来源等信息。运营人员可以通过粉丝画像分析出每场直播的销售数据，根据粉丝购买喜好来策划下场直播的话术、选择活动产品等。所以分析粉丝相关数据，对于高效地运营决策至关重要。

步骤 3：提升粉丝活跃度

入群的粉丝随着时间的流逝或是兴趣的丧失，可能不再关注该主播、产品及活动，运营人员需要通过各类互动与福利活动刺激粉丝积极互动。如可通过每日在群里发布直播预告、产品预告、产品优惠券，以及定期发布粉丝专属优惠券等，提升粉丝活跃度；此外还需要定期清理不活跃的粉丝，促使粉丝活跃起来。

步骤 4：分析危机处理的方式

粉丝群人多且杂，常常会一呼百应，如果出现突发及危机事件，粉丝群可能会成为首要沦陷地，所以一定要有危机意识。出现问题时，运营人员须及时确认事实，快速在群内响应，并说明事情真相。售后问题尽量在客服处快速解决，不要将问题蔓延到直播间或是粉丝群，避免更严重的事情发生。

活动实践

请同学们以自主学习及合作探究的方式帮助小夏完成以下活动。

小夏直播完成后，听取陈经理的意见建立了粉丝群，结果一周后小夏发现粉丝群里的粉丝数量有所减少。小夏也很困扰，这段时间她每天都会在粉丝群里分享优惠产品信息，粉丝有任何问题都会积极回复，那到底是什么原因造成粉丝减少的呢？小夏分析发现大部分粉丝都是在放送福利时进入的，还有的是为了咨询产品信息才加入粉丝群的，且直播间粉丝活跃度也不高。那么小夏该如何管理这类粉丝群呢？

请根据以上内容描述，协助小夏制定粉丝管理方案。

【任务拓展】

某美妆直播间在七夕节举办了一场产品促销活动，直播间当天销量可观，粉丝反响热烈，其中最受欢迎的产品是一款性价比高的粉底，该粉底主打保湿、遮瑕功能，且其品牌也有众多粉丝。直播销售一切顺利，但在直播结束几天后第一批收到货的顾客有了负面反馈，表明产品遮瑕力不强且容易卡粉，恰巧那几日平台因周年庆推出"满500元减100元"的平台券活动，这下粉丝群彻底炸开了锅，类似"买贵了""不好用""坑人""退货"等言论充斥粉丝群、直播间及视频作品评论区。

请基于上述案例背景，阐述粉丝维护及管理的具体办法，并说明理由。

【任务评价】

根据实践活动过程及实践活动结果，进行学生自评、学生互评与教师点评。

考核内容	具体要求	评价		
		学生自评	学生互评	教师点评
知识掌握	能够列出增强粉丝黏性的互动机制，并阐述激励粉丝参与的方法			
技能要求	能够结合实际情况，完成直播间粉丝维护与管理			

✂ 岗课赛证

考证提要

（1）能根据直播销售情况、整体订单数据，在规定时间内合理安排发货。

（2）能根据客户服务原则，及时有效处理直播订单的退换货、中差评、投诉等问题。

（3）能结合直播优惠玩法，在客户确认收货后，及时落实商品优惠措施、奖品方法或免单福利。

（4）能结合直播整体情况，整理并提炼直播执行问题和订单跟踪问题，及时反馈给主播或运营人员。

（5）能跟踪订单状态，定期进行客户回访，维护良好的客户关系。

（6）具备线上沟通表达能力。

（7）具备发现问题、解决问题的能力。

项目七

直播销售效果监控与优化

项目概述

　　随着直播平台的兴起和观众参与度的增加，直播销售已成为一种具有巨大商业潜力的销售方式。然而，直播销售过程中或多或少会存在观众参与度低、商品转化率低等问题，这对直播团队来说是亟待解决的难题。

　　为了解决这些问题，直播销售团队需要进行全面的效果监控与优化工作。这涉及采集和分析直播销售数据，以及通过创新的销售策略和活动方案来优化直播内容和商品呈现方式，总结经验教训，发现问题并解决问题，为下一场直播的改进提供指导。

学习目标

知识目标

1. 了解直播数据的采集目标与常用数据指标。
2. 熟知直播数据采集工具以及流程。
3. 熟悉各直播数据指标的分析技巧。
4. 了解直播销售效果评估与优化技巧。

技能目标

1. 掌握直播数据的采集方法，并熟练利用采集工具完成直播数据的采集工作。
2. 掌握直播数据分析技巧，并独立对采集到的直播数据进行不同维度的分析。
3. 能够通过直播后台和第三方工具采集并分析直播数据。
4. 掌握直播销售效果优化技巧，能够根据直播数据分析结果并总结优化建议、制定优化策略。

素养目标

1. 具备数据驱动思维，能够通过数据分析和监控做出销售决策和优化。
2. 具备团队协作能力，在实际工作中能够与其他成员进行有效的沟通和协作，认识到"团结互助、协作共赢"。

项目实施流程

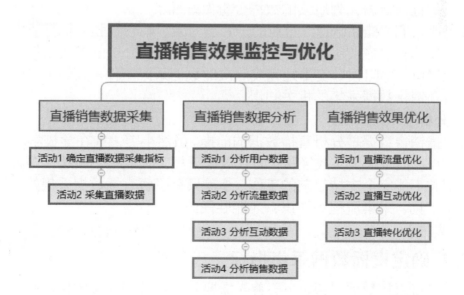

项目实施准备

直播销售效果监控与优化项目实施准备清单如表 7-1 所示。

表 7-1　直播销售效果监控与优化项目实施准备清单

项目	具体内容	用处
设备	良好的网络环境、正常且稳定的多媒体设备	教学演示、自主学习、合作探究
软件	数据采集、分析、效果优化方面的相关软件	自主学习、合作探究
资料	数据采集、数据分析、直播复盘、效果评估及优化相关的教材、课件、微课等学习资料	学生自主学习
案例	有关直播销售数据采集、数据分析及效果优化的案例、视频等	教师案例展示
人员安排	2～3 人一组，通过网络搜索学习资料，并借助案例，开展活动	小组合作探究

任务一　直播销售数据采集

【职场情境】

"桂品味道"开展直播销售已经有一段时间，但直播情况时好时坏，为了弄清楚原因，公司运营部的领导决定先对这一段时间的所有直播进行复盘，然后再采集、整理出相关的直播数据，为后续的数据分析做好准备。

小美是刚入职"桂品味道"企业的一名实习生，她有较强的执行能力，并且对数据采集、分析非常感兴趣，领导安排她从事店铺数据分析的相关工作。为了让小美更快适应岗位，部门领导安排她完成此次的数据采集工作。开始工作前，小美决定先学习直播销售数据采集的相关知识。

【任务分析】

采集直播销售数据是分析直播数据的前提。虽然小美之前在学校学习过有关数据采集的知识，但是缺少实战经验，而且数据采集工具也在不断迭代更新，之前所接收的知识并不能完全支持目前的工作。小美只有了解直播数据采集的目标、数据指标、采集工具、采集流程等知识，才能胜任此次工作。

【任务实施】

课堂沙龙

活动 1　确定直播数据采集指标

为有效进行直播数据采集，小美首先需要弄清楚数据采集的目标是什么，由此来分析直播数据的指标等。

活动步骤

步骤1：确定直播数据采集目标

直播数据分析的目的是将繁杂的直播数据中的信息集中和提炼出来，以便找出研究对象的内在规律。通常来说，直播数据采集目标有以下三种。

（1）寻找直播间数据波动的原因，数据上升或下降都属于数据波动。

（2）通过数据分析寻找优化直播内容、直播效果的方案。

（3）通过数据规律推测平台算法，然后从算法出发对直播进行优化。

步骤2：分析直播数据的指标

直播数据分析的常用指标主要有用户数据指标、流量数据指标、互动数据指标、销售数据指标，如表7-2所示。

表7-2 直播数据指标

指标	具体介绍
用户数据指标	用户数据是用于描述和分析用户行为和特征的一系列数据，包括用户人数、用户属性、用户来源、用户偏好、用户时间分布等。通过分析用户数据可以更好地了解用户群体，便于优化直播内容和销售策略
流量数据指标	流量数据是用于描述和分析直播流量情况的一系列数据，包括"用户群"数据、人气数据和在线流量数据等，比如新增粉丝数、粉丝群增量峰值、峰值时间、累计观看人数、人气峰值、平均在线人数、"涨粉"人数、转粉率等数据，该指标有助于评估直播间的曝光度和关注度
互动数据指标	互动数据是用户在直播间的互动行为的相关数据，主要包括互动情况和弹幕热词，例如点赞数、评论数、分享数、关注数、弹幕总数、弹幕人数、互动率等。互动数据指标能够反映用户对内容的喜好和参与程度，可以评估直播的用户黏性和互动效果
销售数据指标	销售数据是直播销售的最终目标，包括销售额、销量、客单价、商品数、UV价值、"带货"转化率、商品点击转化率、商品购买转化率等。销售数据指标可以反映直播销售的效果和商业价值

活动实践

请同学们以自主学习及合作探究的方式帮助小美完成以下活动，并将结果填写在相应的横线上。

（1）"桂品味道"店铺的直播间在某一段时间内流量一直比较低，开展各项营销活动也仍不见起色，为了找出其原因，小美应该采集哪些相关数据呢？请同学们帮助小美确定需要采集的数据指标，并填写在相应的横线上。

（2）请同学们结合给出的情景，将问题的答案填在横线处。

问题一：影响"桂品味道"店铺直播效果的数据指标可能有哪些？

问题二：影响直播流量的数据有哪些？

问题三：关于"桂品味道"直播间用户的数据有哪些？

活动 2 采集直播数据

　　小美要想顺利采集到直播数据，除了确定采集目标与数据指标外，还需要清楚直播数据采集工具以及流程。因为不同的直播平台具有不同的数据采集工具和接口，所以小美需要对直播数据采集工具、采集流程进行学习和了解，以保证数据的有效性与合理性。

活动步骤

步骤 1：认识直播数据采集工具

　　数据采集人员可以借助各种智能化的数据采集工具对直播数据进行采集、处理与统计，比如直播平台后台、第三方数据采集工具等都是采集直播数据的不错选择。常见的直播数据采集工具如表 7-3 所示。

表 7-3　常见的直播数据采集工具（部分）

采集工具		工具介绍
直播平台提供的数据采集工具	淘宝平台	在淘宝平台，可以通过直播中控台、生意参谋、淘宝主播 App 等采集直播数据
	抖音平台	在抖音平台，可以使用抖音 App 数据看板、抖音电商罗盘、抖店后台、巨量百应数据参谋等工具进行数据采集
	快手平台	在快手平台，可以通过"直播键—更多—主播中心"的路径获取相关数据记录，也可以在 PC 端使用"快手小店直播助手"获得直播数据

采集工具		工具介绍
第三方数据采集工具	卡思数据	卡思数据几乎对当下所有主流的短视频平台，如抖音、快手、哔哩哔哩等提供多种数据采集工具和服务，可采集社交媒体数据、用户评论数据、消费者洞察数据等
	新榜	新榜是一个自媒体内容服务平台，为抖音、快手、视频号等平台服务，旗下有新抖、新快、新视等平台，能够帮助用户采集社交媒体和自媒体平台上的相关数据
	飞瓜数据	飞瓜数据对抖音、快手、哔哩哔哩、小红书、微视、秒拍等短视频平台提供实时采集数据服务，可采集用户互动、销售数据等
	蝉妈妈	蝉妈妈是一个提供电商数据分析和营销服务的平台，提供多种数据采集工具和服务，包括竞争对手数据采集、广告数据采集、用户行为数据采集、电商店铺数据采集等
	优大人	优大人是淘宝直播数据分析的头部平台，是淘宝直播电商数据运营专家。商家可以通过优大人获取自己需要的信息，如店铺直播数据、用户数据、大盘数据和竞品数据等
自建数据采集系统		自建数据采集系统是通过网络爬虫、API、传感器等形式，从直播平台中获取所需的直播销售数据，并存储到自己的数据库中进行深度分析

在选择数据采集工具时，商家应综合考虑技术能力、预算、数据需求和平台兼容性等因素；同时，严格遵守相关的合规要求和隐私政策，在数据采集过程中保护用户的个人信息和隐私。

步骤2：梳理直播数据采集流程

通常，直播数据采集的基本流程为明确目的、确定数据指标、确定采集工具、采集数据、整理数据等。

（1）明确目的。

数据采集人员首先需要明确数据采集的目的是什么，比如了解产品的销售趋势、分析用户行为、评估产品或服务表现等。

（2）确定数据指标。

根据确定的采集目的，进一步确定需要采集的具体数据指标，比如用户行为数据（如点击率、观看时长等）、用户属性数据（如年龄、性别、地理位置等）等。

（3）确定采集工具。

选择合适的数据采集工具，可以是自建数据采集系统、直播平台提供的数据采集工具，也可以是第三方数据采集工具等。

（4）采集数据。

根据确定的指标和工具，进行实际数据采集，并确保采集的数据与选定的数据指标相对应。比如淘宝平台的数据，可以通过淘宝联盟、主播后台等渠道采集，对于一些隐藏数据，可以付费从第三方平台或渠道获取。

（5）整理数据。

无论是从直播账号后台获取的数据，还是从第三方数据分析工具下载的数据，或者人工统计的数据，都会存在一定的误差。这就需要对采集到的原始数据进行整理和清洗，去除错误或冗余数据，并按照预先确定的指标进行分类、分组、整合和计算，以保证数据的准确性和有效性，便于后期的数据分析和理解。

需要注意的是，在整个流程中务必要确保操作合规、数据安全和隐私保护。同时，根据需求和反馈不断优化和调整数据采集流程，以便获得更准确、更有用的直播数据。

活动实践

请同学们以自主学习及合作探究的方式帮助小美完成以下活动，并将结果填写在相应的横线上、表格中。

（1）请同学们根据已经掌握的知识，思考除了上面介绍的直播数据采集工具外，还有哪些常用的直播数据采集工具，请将结果填写在下面的横线上。

_____

_____

（2）请同学们以小组为单位，结合"桂品味道"企业选择的直播平台，进入该平台的后台数据中心，选择已结束的三场直播，帮助小美按表 7-4 所示的数据指标，采集直播数据，填入表 7-4。

表 7-4　直播数据采集表

数据指标	数据信息		
	第一场	第二场	第三场
观看量			
访问用户数			
直播时长			
封面图点击率			
平均观看时长			
新增粉丝数			
转粉率			
粉丝回访率			

续表

数据指标	数据信息		
	第一场	第二场	第三场
粉丝浏览次数			
非粉丝浏览次数			
新增关注率			
互动率			
商品点击率			
成交金额			
成交人数			
成交笔数			
成交转化率			
客单价			
UV 价值			

【任务拓展】

"桂品云特产店"是一家主营广西特色农副产品的电商企业，企业领导准备采集并整理近 30 天内所有直播的相关数据，对近期的直播进行复盘，为后期的直播销售积累经验。

基于上述的背景情况，该企业运营人员选择利用第三方数据采集工具，初步获取了该店铺近 30 天内的直播数据（见图 7-1），图 7-2 至图 7-4 所示分别为近 30 天直播中有关观看人次、销量和销售额的趋势，图 7-5 至图 7-9 所示分别为最近一场直播的人气数据和带货数据，粉丝团和涨粉数据，性别、年龄和地域分布数据，用户来源数据和转化漏斗数据，互动情况和弹幕热词数据。现在需要同学们帮助该企业运营人员将这些源数据进行清洗、整理，以方便后期的数据分析。需要注意的是，整理后的数据指标需包括用户数据、流量数据、互动数据及销售数据。

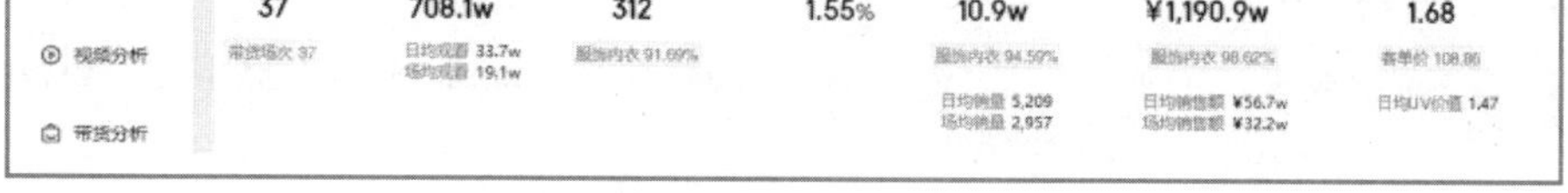

图 7-1　近 30 天的直播数据

直播销售（慕课版）

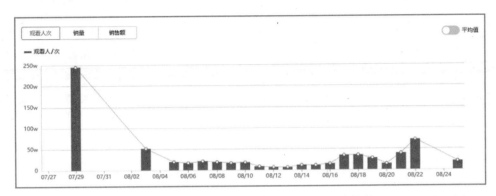

图 7-2　近 30 天直播中有关观看人次的趋势

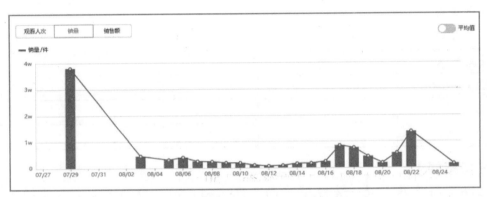

图 7-3　近 30 天直播中有关销量的趋势

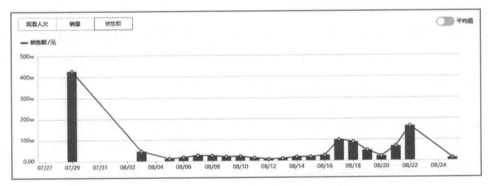

图 7-4　近 30 天直播中有关销售额的趋势

诊断评分	人气数据				带货数据		
4.5 查看攻略	观看人次 4.5w	人气峰值 437	平均在线 151	发送弹幕 2,049	本场销售额 ¥2.1w	销量/件 565	客单价 ¥36.74
	累计点赞 3.6w	涨粉人数 620	转粉率 1.37%		上架商品 113	带货转化率 1.25%	uv价值 0.46

图 7-5　最近一场直播的人气数据和带货数据

190

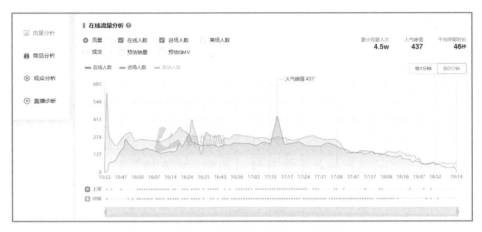

图 7-6　最近一场直播的粉丝团和涨粉数据

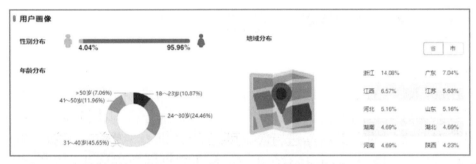

图 7-7　最近一场直播的性别、年龄和地域分布数据

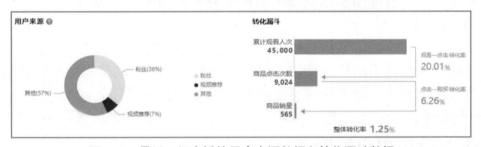

图 7-8　最近一场直播的用户来源数据和转化漏斗数据

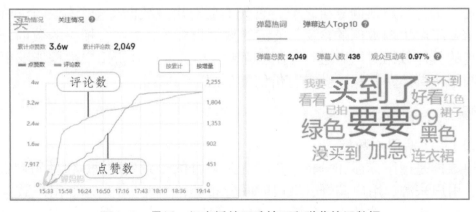

图 7-9　最近一场直播的互动情况和弹幕热词数据

【任务评价】

根据实践活动过程及实践活动结果，进行学生自评、学生互评与教师点评。

考核内容	具体要求	评价		
		学生自评	学生互评	教师点评
知识掌握	能够阐述直播数据采集目标以及常见的直播数据采集工具			
技能要求	掌握直播数据的分析指标、直播数据采集流程，并根据具体要求进行数据的采集工作			

任务二 直播销售数据分析

【职场情境】

小美在部门领导的带领下已经完成了相关数据的采集工作，鉴于小美在校期间主修过商务数据分析这门课程，所以具备较强的数据分析与执行能力。接下来，领导安排小美对采集到的直播数据进行不同维度的分析，希望通过数据分析、诊断，找出直播过程中的问题，从而总结经验，为后期的直播效果优化提供参考。开始工作前，小美决定先整理归纳出直播销售数据分析方面的相关内容。

【任务分析】

小美在进行直播销售数据分析时，首先需要了解直播数据分析的指标与技巧。直播间的数据分析常用指标包括用户数据、流量数据、互动数据以及销售数据，因此，小美将从这四个数据指标入手完成此次的数据分析工作。

【任务实施】

活动1 分析用户数据

小美在进行用户数据分析之前，首先需要对用户数据有一个较为全面的认识，也就是需要了解用户数据的含义、关键的数据指标等，再结合相关的数据分析工具或采集到的具体数据对用户进行分析和解读。小美通过分析用户数据能够更好地了解直播间用户群体，并从中获得有价值的信息。

活动步骤

步骤1：了解用户数据

用户数据是用于描述和分析用户行为和特征的一系列数据，包括用户数量、用户属性、用户来源、用户偏好、用户时间分布等，如表7-5所示。用户数据可以反映直播平台的用户群体特点，分析用户数据可以优化直播内容，并进一步改善用户体验和平台运营效果。

表 7-5　用户数据介绍

指标名称	指标含义
用户数量	用户数量可以是注册用户的数量，也可以是活跃用户的数量等
用户属性	用户属性是用户的基本信息，如地域、年龄、性别等，用于进行用户细分和个性化推荐
用户来源	用户来源记录用户来自哪些渠道或推广活动，用于评估不同渠道的用户获取效果
用户偏好	通过用户的观看历史、收藏、评价和互动行为等数据，掌握用户的喜好和兴趣，以便进行内容推荐和个性化服务
用户时间分布	用户时间分布是指在一段时间内，直播平台上观看直播的用户在不同时间段内的分布情况。它可以反映出用户观看直播的偏好时间段，从而帮助直播平台优化直播内容和推荐算法，为用户提供更好的观看体验

步骤 2：获取并分析用户数据

图 7-10、图 7-11 所示为小美借助第三方数据分析工具获取的"桂品味道"某场抖音直播的用户属性、活跃时间分布相关数据。通过性别分布可以看出，该直播间的用户中，男性占多数；在年龄分布上，24～30 岁的用户占比较高，他们的消费能力也普遍较高；在地域分布上，直播间用户多数分布在东部省份；在活跃时间分布上，用户通常在 9 点和 22 点的活跃度较高。

根据图 7-12 可知，该场直播的用户来源主要为"其他"渠道，即直播广场推荐、品牌广告等，"视频推荐"与"关注"几乎为 0，因此，主播可在后续直播中通过提高粉丝活跃度来优化该数据。

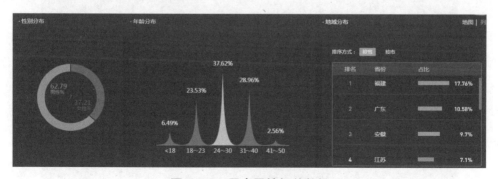

图 7-10　用户属性相关数据

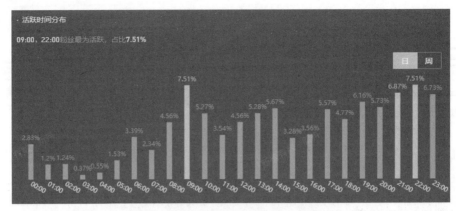

图 7-11　用户活跃时间分布数据

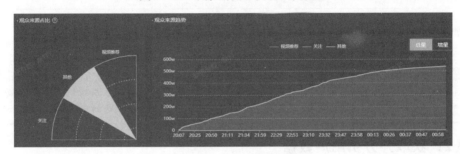

图 7-12　用户来源相关数据

活动实践

请同学们以自主学习及合作探究的方式帮助小美完成以下活动，并将结果填写在相应的横线上。

图 7-13、图 7-14 所示为某直播间的用户属性和用户活跃时间分布数据，请分析图中数据，回答下列问题。

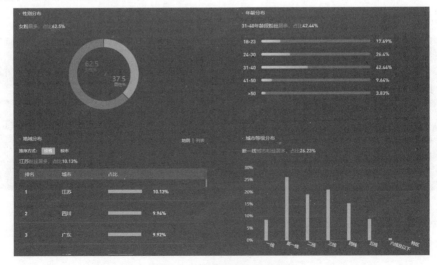

图 7-13　直播间用户属性

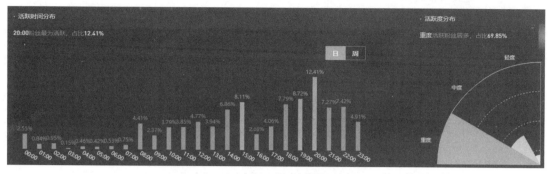

图 7-14　直播间用户活跃时间分布

（1）观看该场直播的用户在性别、年龄、地域分布上有怎样的特点？

_____

_____

（2）该场直播的用户活跃度是怎样的？什么时间用户的活跃度最高，占比是多少？

_____

_____

活动 2　分析流量数据

　　在完成直播用户数据分析后，小美就要着手对整场直播的流量数据进行分析了。作为数据分析人员，小美认为自己首先需要弄清楚什么是流量数据，也就是需要了解直播流量数据的含义、数据指标、数据项等知识，再利用数据分析工具对这些流量数据进行分析，以更好地了解直播活动效果和用户体验。

活动步骤

步骤 1：了解流量数据

流量数据包括用户群数据、人气数据和在线流量数据等，如表 7-6 所示。

表 7-6　流量数据介绍

指标名称	数据	数据含义
用户群数据	新增粉丝数	在一场直播活动中，新加入粉丝群的用户数量
	粉丝群增量峰值	在一段时间内新增用户数量达到的最高点
	峰值时间	增量峰值所发生的具体时刻或时间段

续表

指标名称	数据	数据含义
人气数据	累计观看人数	在直播过程中，累计进入直播间观看直播的人数
	人气峰值	直播过程中观看人数达到的最高点
	平均在线人数	直播期间的平均在线人数
	发送弹幕	用户在直播过程中发送的文字弹幕消息数量
	累计点赞	用户对直播内容进行点赞的总次数
	涨粉人数	直播期间获得的新粉丝的数量
	转粉率	即新增关注率，公式：转粉率=涨粉人数÷累计观看人数
在线流量数据	在线人数	当前正在观看直播的用户数量
	进场人数	在一段时间内新进入直播间并参与直播活动的用户数
	离场人数	在一段时间内离开直播间的用户数量

步骤2：获取并分析流量数据

（1）用户群数据。

用户群数据是指关注和支持主播或品牌的粉丝数量和相关数据指标。图7-15所示为小美利用蝉妈妈工具对"桂品味道"在抖音平台某场直播用户群数据的分析，具体数据包括本场新增粉丝团、粉丝团增量峰值和峰值时间。根据数据可知，该场直播新增粉丝团714人，粉丝团增量峰值为3人，峰值时间在02:02，用户群数据指标很好地反映了该场直播的粉丝团规模和发展趋势。

（2）人气数据。

人气数据是指衡量直播内容或直播主播在实时直播过程中的观看人数和互动情况的数据指标。图7-16所示为"桂品味道"在抖音平台某场直播间的人气数据，根据数据可知，该场直播观看人数高达1028.8万，人气峰值9094人，平均在线人数474人，发送弹幕34.2万条，可见该场直播的人气比较高。

图7-15 用户群数据

图7-16 人气数据

（3）在线流量数据。

在线流量数据用来评估用户活跃程度和流量质量。图 7-17 所示为"桂品味道"在抖音平台某场直播的在线流量数据，包括在线人数、进场人数及离场人数的趋势。

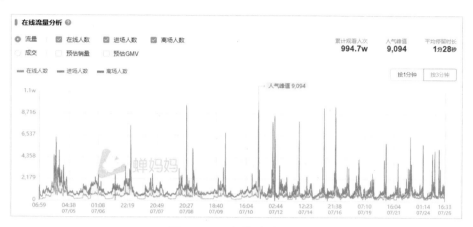

图 7-17　在线流量数据

活动实践

请同学们以自主学习及合作探究的方式帮助小美完成以下活动，并将结果填写在相应的横线上。

图 7-18 所示为某直播间的在线流量分析数据，请分析图中数据，回答下列问题。

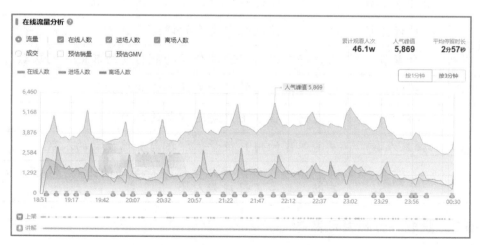

图 7-18　某直播间的在线流量分析数据

（1）在线人数在直播多长时间后达到峰值，峰值数据是多少？

（2）整场直播的离场人数与进场人数呈现怎样的变化趋势？

（3）请同学们根据已学内容思考：累计观看人次与在线人数有什么关系？是正相关、负相关还是没有关系呢？请说明理由。

活动3 分析互动数据

小美认为在一场直播活动中，除了分析用户数据和流量数据外，还需要了解互动数据。与前面两个活动的分析思路一致，小美准备先了解直播互动数据的含义、数据指标、数据项等知识，为分析互动数据打好基础。分析互动数据有助于小美评估整场直播的用户参与度、理解用户反馈、发现潜在问题等。

活动步骤

步骤1：了解互动数据

互动数据主要包括互动情况和弹幕热词，如表7-7所示。互动数据可以反映用户对内容的喜好和参与程度，从而反映直播间的用户黏性和互动效果。

表7-7　互动数据介绍

指标名称	数据	数据含义
互动情况	累计点赞数	用户在直播过程中对内容点赞的总次数
	累计评论数	用户在直播过程中发表的评论总数量
	分享数	用户将直播内容通过分享功能转发给其他人的次数
	关注数	用户对该直播间进行关注操作的总数量
弹幕热词	弹幕总数	在直播过程中用户发送弹幕的总数量
	弹幕人数	发送弹幕的用户数量，即参与直播互动的人数
	互动率	在直播过程中用户与主播进行互动的比例，公式：互动率=互动人数÷累计观看人次

步骤2：获取并分析互动数据

（1）互动情况。

图7-19所示为按累计统计的点赞数和评论数，可见随着直播的开展，用户点赞数与评论数呈不断上升的趋势，反映了用户对直播内容的认可与喜爱程度不断提高；图7-20所示为按增量统计的点赞数和评论数，根据趋势图可知，整场直播的

用户评论数比较平稳，数量也比较高，而点赞数呈现忽高忽低的波动，这有可能与直播过程中的福利活动等因素有关，但总体而言点赞与评论效果都很好。

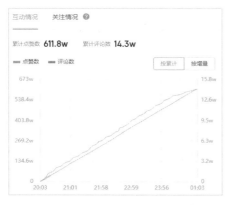

图 7-19　按累计统计的互动情况

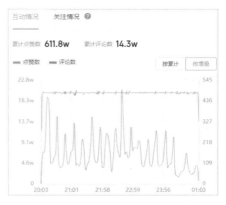

图 7-20　按增量统计的互动情况

（2）弹幕热词

直播间的弹幕热词是指本场直播中出现频率较高的关键词。

在直播过程中，用户评论中出现次数多的关键词会突出显示。主播可以直观地看到出现频率较高的关键词，并根据这些关键词，在后续的直播中引入相关的话题、设计相关的话术或上架相关商品等。如图 7-21 所示为某场直播的弹幕热词。

图 7-21　弹幕热词

活动实践

请同学们以自主学习及合作探究的方式帮助小美完成以下活动，并将结果填写在相应的横线上。

小吴是一名服装直播达人，图 7-22、图 7-23 所示为她最近两场直播的互动情况和弹幕热词。请同学们从用户互动等方面来分析该直播达人的这两场直播数据，最后将分析结果填写在下面的横线处。

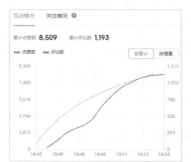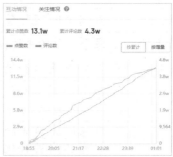

图 7-22　最近两场直播的互动情况

图 7-23　最近两场直播的弹幕热词

互动情况分析：＿＿＿＿＿＿＿＿＿＿＿＿＿＿＿＿＿＿＿＿＿＿＿＿

＿＿＿＿＿＿＿＿＿＿＿＿＿＿＿＿＿＿＿＿＿＿＿＿＿＿＿＿＿＿＿

弹幕热词分析：＿＿＿＿＿＿＿＿＿＿＿＿＿＿＿＿＿＿＿＿＿＿＿＿

＿＿＿＿＿＿＿＿＿＿＿＿＿＿＿＿＿＿＿＿＿＿＿＿＿＿＿＿＿＿＿

活动 4　分析销售数据

　　小美将自己对直播用户、直播流量及直播互动相关数据的分析结果进行总结后，报告给了部门领导。经过提问、考查，领导觉得小美已经掌握了直播数据分析的方法。但是这还不够，一场完整的直播数据分析还包括销售数据分析。接下来，小美参考以上活动步骤对直播销售数据进行分析，通过销售数据来评估整场直播的销售效果及商业价值。

活动步骤

步骤 1：了解销售数据

　　直播销售数据指的是直播中进行商品销售所产生的相关数据，包括直播带货数据与引导转化数据，如表 7-8 所示。直播销售数据用于分析商品的销售情况、用户购买行为及趋势，进而帮助运营人员做出优化和改进的决策。

表 7-8　直播销售数据介绍

指标名称	数据	数据含义
直播带货数据	销售额	直播过程中实际售出的商品总金额
	销量	直播期间实际售出的商品数量
	客单价	每个订单的平均销售金额，公式：客单价=销售额÷交易笔数
	商品数	直播中展示和销售的商品种类数量
	UV 价值	每个独立访客（Unique Visitor）在直播中所贡献的价值，公式：UV 价值=销售额÷独立访客数（即累计观看人数）
	带货转化率	直播间的整体转化情况，公式：带货转化率=商品点击转化率×商品购买转化率

续表

指标名称	数据	数据含义
引导转化数据	商品点击转化率	商品点击次数与累计观看人次之比，公式：商品点击转化率＝商品点击次数÷累计观看人次
	商品购买转化率	商品购买次数与用户点击商品的次数之比，用来衡量用户的购买行为，公式：商品购买转化率＝商品购买次数÷商品点击次数

步骤 2：获取并分析销售数据

（1）直播带货数据。

直播带货数据包括销售额、销量、客单价、商品数、UV 价值及带货转化率等。图 7-24 所示的直播带货数据中，可以看出带货转化率为 2.22%、UV 价值为 1.64，由此推测出，整场直播中商品吸引力与主播的引导力很强。

（2）引导转化数据。

引导转化数据包括商品点击转化率和商品购买转化率。由图 7-25 数据，再根据公式计算出商品点击转化率为 50.5%，本场直播的商品购买转化率为 4.47%，可见商品对用户的吸引力比较强。

图 7-24 直播带货数据统计

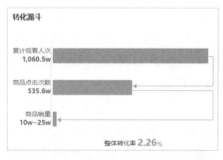

图 7-25 商品引导转化数据统计

活动实践

请同学们以自主学习及合作探究的方式帮助小美完成以下活动，并将结果填写在相应的横线上。

某场直播的销售额是 1 000 万元，交易笔数是 26 846，累计观看人次是 74.6 万，商品点击次数是 128 万，商品销量是 3 万件，那么该场直播的客单价是＿＿＿＿＿＿，UV 价值是＿＿＿＿＿＿，商品点击转化率是＿＿＿＿＿＿，商品购买转化率是＿＿＿＿＿＿，带货转化率是＿＿＿＿＿＿。

【任务拓展】

同学们已经完成了"桂品云特产店"近期几场直播销售的相关数据采集工作。接下来，请同学们基于这些数据，从用户数据、流量数据、互动数据以及销售数据四个方面对数据进行分析，思考这几场直播的数据表现是否良好，存在哪些问题。

【任务评价】

根据实践活动过程及实践活动结果，进行学生自评、学生互评与教师点评。

考核内容	具体要求	评价		
		学生自评	学生互评	教师点评
知识掌握	能够正确阐述直播用户数据、流量数据、互动数据以及销售数据的具体指标名称与指标含义			
技能要求	掌握分析用户数据、流量数据、互动数据、销售数据的技巧，并能结合相关数据完成对直播间用户数据、流量数据、互动数据、销售数据的分析			

任务三 直播销售效果优化

【职场情境】

直播间的数据往往能反映出一些问题，小美在分析完公司几场直播销售数据之后，她意识到公司的直播销售还存在很多不足，影响了最终的转化效果。为了改善直播质量与直播效果，应领导要求，小美接下来将针对这些问题找出解决办法，并提出可行的优化策略，为公司后期的直播销售提供参考。开始工作前，小美决定先整理归纳出直播销售效果优化的相关内容。

【任务分析】

虽然小美已经顺利完成了直播销售数据的采集与分析工作，但是由于这是她第一次进行直播效果评估与优化工作，缺少一定的理论与实践经验，还需要了解直播销售效果优化的内容、技巧等知识。接下来，小美准备针对"桂品味道"的直播流量、直播互动和直播转化等方面提出优化策略。

【任务实施】

活动1 直播流量优化

小美在部门领导的指导下，了解到直播流量优化的主要目标是解决直播间在线人数少和在线人数不稳定等问题。于是，小美认为自己首先需要弄清楚造成直播流量未达预期的原因；然后围绕这些原因，制定相对应的优化策略。这一过程中，小美需要不断与部门领导沟通和汇报工作进展，以获得更多的指导和支持。

活动步骤

步骤1：分析流量未达预期原因

一般来说，直播间流量数据不好的原因可能与主播、预热引流、场景布置、人员配合等因素有关。直播间流量未达预期原因分析如表7-9所示。

表 7-9　直播间流量未达预期原因分析

因素	原因分析
主播	主播的形象、口才不佳，互动能力不强，缺乏一定的吸引力和魅力，无法留存观众
	观众对高质量、专业的内容有需求，主播缺乏专业知识和经验，无法提供有价值的内容
预热引流	直播前预热引流的策略不合理或宣传方式不准确，无法吸引目标观众
	预热引流的时间和频率不合理，导致观众疲劳或者失去兴趣
场景布置	直播间的场景布置单调、无趣或与直播内容不符，无法引起观众的兴趣
	灯光和背景设计不合理，影响观众的视觉体验
人员配合	团队成员之间缺乏默契，从而影响直播的流畅性和效果
	工作人员无法及时响应主播的需求，甚至干扰主播，从而影响直播的进行和观众的体验
其他	因直播前期准备不足而出现的一些不可预估的突发事件。比如直播前没有制定相应的应急方案，没有进行直播软件的测试，导致在直播过程中出现卡顿、断流等问题

步骤 2：制定优化策略

直播流量优化的主要目的是解决直播间在线人数少和在线人数不稳定等问题。在优化直播间流量时，需要综合考虑步骤 1 中所分析的原因，并采取相应的策略进行优化，如表 7-10 所示。

表 7-10　制定直播流量优化策略

因素	优化策略	实施
主播	提升主播的吸引力和专业性	主播可以通过形象塑造、口才训练、表达能力的提升和互动技巧的改进来留存观众
	丰富主播的专业知识和经验	主播可以通过学习和参加培训来提升自己的专业水平，为观众提供有价值和创新的内容
预热引流	改善预热引流质量	确保预热引流的策略准确无误，选择合适的渠道和方式进行宣传，吸引目标观众的关注
	设定合理的预热引流时间和频率	根据直播内容和观众的习惯，确定合适的预热引流时间和频率，避免观众疲劳或者失去兴趣
场景布置	设计吸引人的场景	根据直播内容和目标观众的喜好，设计吸引人的场景，增加观众的兴趣和参与度

续表

因素	优化策略	实施
场景布置	确保灯光和背景设计合理	调整灯光亮度和色温，确保主播的形象清晰可见；选择与直播内容和主播形象相符的背景，优化观众的视觉体验
人员配合	加强团队成员之间的默契和协作能力	通过团队建设和培训，提高团队成员之间的沟通和配合能力，确保直播的流畅性和效果
	全面支持和协助主播	工作人员应及时响应主播的需求，提供必要的支持和协助，确保直播质量的提升
其他	建立应急方案	直播前制定一个全面的应急方案，包括可能出现的各种突发事件和相应的解决办法，如网络故障、设备故障等，制定相应的预案和流程
	进行软件测试	直播前模拟真实的直播场景，测试直播软件在不同网络环境下的表现，确保直播过程的稳定性和流畅性

通过采取以上这些措施，可以很大限度地改善直播间的流量数据，提高观众的参与度和留存率。需要注意的是，在优化流量的过程中，需要不断地改进和创新优化策略。

活动实践

请同学们以自主学习及合作探究的方式帮助小美完成以下活动，并将结果填写在相应的横线上。

以下是"桂品味道"在某直播平台的两场直播流量数据。

第一场直播：
开始时间：2023 年 7 月 15 日 20:00:00
结束时间：2023 年 7 月 15 日 22:00:00
平均在线人数：800 人
最高在线人数：1 200 人
最低在线人数：600 人

第二场直播：
开始时间：2023 年 7 月 18 日 20:00:00
结束时间：2023 年 7 月 18 日 22:00:00
平均在线人数：1 000 人
最高在线人数：1 500 人
最低在线人数：800 人

请回答以下问题。

问题 1：在给定时间段内，哪场直播的平均在线人数更高？

_____

问题 2：在给定时间段内，哪场直播的在线人数波动幅度更大？

_____

问题3：假设你是直播运营人员，如何根据以上数据来优化直播流量，提高互动率和人气？

活动2　直播互动优化

小美认为想要提高直播间的商品销量，除了要解决直播间流量问题外，还需要活跃直播间氛围，解决用户互动率低的问题。

活动步骤

步骤1：分析直播互动数据不佳的原因

一般来说，直播间互动数据不佳的原因可能与主播、互动活动、商品及技术与网络等因素有关。直播间互动数据不佳的原因分析如表7-11所示。

表7-11　直播间互动数据不佳的原因分析

因素	原因分析
主播	主播缺乏吸引力或没有足够的专业知识和技能，观众可能不太愿意与其互动
	主播没有明确的互动引导或不积极回应观众的互动内容，观众可能会缺乏参与互动的动力
互动活动	直播间互动活动缺乏吸引力或与观众的兴趣不符，观众不太愿意参与互动
	直播互动活动设置不当，缺乏明确的互动环节和机制，导致互动率低下
商品	直播间的商品选择和推荐不符合观众的需求和兴趣，导致互动参与度降低
	主播没有提供足够详细的商品信息，观众在对商品不了解的情况下，一般不愿意参与互动并购买商品
技术与网络	直播过程中出现的技术问题和网络延迟可能导致观众无法顺利参与互动，降低互动率

步骤2：制定优化策略

根据以上原因，可以针对性地提出优化措施，例如提升主播的魅力和专业性、设计吸引人的互动活动、优化商品选择和推荐、提供详细的商品信息等，从而提高直播间的互动率和观众参与度。

（1）主播方面。

提升个人魅力和专业性：主播可以通过打造形象、提升语言表达能力以及学习专业知识来提高吸引力和专业性，从而吸引更多观众参与互动。

积极引导：主播可以通过直接提问、鼓励留言和邀请观众分享经验或观点等方式，引导观众参与互动，营造积极活跃的直播氛围，提高互动率。

营造氛围：主播和观众之间的互动应保持友好和尊重，以促进观众参与和互动。

（2）互动活动方面。

设计吸引人的互动活动：设置有趣、有创意和有奖励的互动活动，例如抽奖、互动游戏、问答等，吸引观众积极参与。

设置明确的互动环节：在直播中设置明确的互动环节，例如定期问答、确定抽奖时间等，让观众知道何时可以参与互动。

（3）商品方面。

挑选适合观众的商品：了解目标观众的兴趣和需求，选择适合他们的商品进行推荐，提高观众的参与度和购买意愿。

提供详细的商品信息：主播应提供详细的商品信息，包括商品特点、优势和使用方法等，让观众了解商品的价值和适用性。

（4）技术和网络方面。

提供稳定的技术支持：确保直播技术设备的稳定性和可靠性，减少因技术问题而导致的互动中断或延迟。

优化网络连接和减少网络延迟：确保网络连接稳定，减少网络延迟，提供流畅的直播体验，以提高观众的参与度。

活动实践

请同学们以自主学习及合作探究的方式帮助小美完成以下活动，并将结果填写在相应的表格中、横线上。

（1）表 7-12 中列出了小美进行直播复盘后总结出的直播间互动率较低的部分原因，请同学们针对这些原因，制定优化策略来提高直播互动率，将结果填写在表 7-12 中。

表 7-12　针对互动率低的优化措施

互动率低的原因	优化措施
弹幕内容质量较差，经常会出现恶意、低俗的弹幕内容	
直播平台的互动功能存在问题，会出现弹幕发送延迟、弹幕显示异常等情况	
弹幕滚动速度过快，观众来不及看到自己发的弹幕或与其他观众的互动弹幕	
主播重视商品的介绍，忽视或对用户的提问置之不理	
主播的直播内容没有足够的吸引力，观众没有兴趣参与互动	

（2）请同学们分析下列材料，回答相关问题。

以下是"桂品味道"在某直播平台的两场直播互动数据。

第一场直播：	第二场直播：
开始时间：2023 年 7 月 15 日 20：00：00	开始时间：2023 年 7 月 18 日 20：00：00
结束时间：2023 年 7 月 15 日 22：00：00	结束时间：2023 年 7 月 18 日 22：00：00
总观看人数：5 000 人	总观看人数：8 000 人
总点赞数：1 000 个	总点赞数：2 000 个
总评论数：500 条	总评论数：1 000 条
平均观看时长：30 分钟	平均观看时长：25 分钟

请回答以下问题。

问题 1：在给定时间段内，哪场直播的平均观看时长更长？

_____

_____

问题 2：在给定时间段内，哪场直播的总互动量（点赞数+评论数）相对于观看人数的比例更高？

_____

_____

问题 3：假设你是直播运营人员，根据以上数据，如何优化直播互动，提高用户参与度和留存率？

_____

_____

👤 活动 3　直播转化优化

　　小美顺利完成直播流量优化与直播互动优化之后，已经熟练掌握了直播优化方面的技巧与方法。接下来，小美参考以上活动中的优化思路继续完成直播转化优化。

活动步骤

步骤 1：分析转化率低的原因

　　如果直播间的转化率持续走低，就说明直播销售效果不好。一般来说，直播间的商品转化率与用户体验、直播服务、直播商品、优惠活动等因素紧密相关。直播间转化率低的原因分析如表 7-13 所示。

表 7-13　直播间转化率低的原因分析

因素	原因分析
用户体验	购买流程过于复杂，观众需要填写大量信息、进行多次操作或者支付方式有限，导致放弃购买
	观众对主播的信任度不高，对主播的推荐和介绍持怀疑态度
直播服务	主播在直播中没有充分强调商品的独特卖点，导致观众犹豫不决或错过购买时机
	助播没有及时联系中奖观众兑换礼品券，导致观众放弃购买
	缺乏明确的售后服务承诺和快速响应的售后支持，观众信心不足，不敢轻易下单
直播商品	商品价格设置不合理，价格过高使观众望而却步，价格过低引起观众对商品质量的怀疑和担忧
	选品不符合观众的兴趣和需求，缺乏吸引力和价值，导致观众对商品没有购买欲望
优惠活动	缺乏优惠措施，没有吸引观众的优惠活动，如打折促销、套餐优惠等，无法激发观众的购买欲望
其他	直播行业竞争激烈，观众有更多选择
	直播间商品的宣传推广不足，观众对商品的认知度较低，导致转化率低

步骤 2：制定优化策略

小美根据以上转化率低的原因，从用户体验方面、直播服务方面、直播商品方面及优惠活动方面等提出优化措施，以提高直播间的商品转化率。

（1）用户体验方面。

简化购买流程：减少填写与确认信息的步骤，提供一键购买或快速下单功能，使购买过程简便和快捷。

提供信任保障：建立良好的信誉体系，通过用户评价、认证等方式提高主播的信任度，增强观众对商品的信心。

明确退款政策：提供无忧退款服务，增强观众对购买的信心。

（2）直播服务方面。

强调商品特点：主播充分介绍商品的特点、优势和使用方法，激发观众的购买欲望，引导观众主动购买。

提供优质的售后服务：建立完善的售后服务体系，及时响应观众的问题和需求，提供全面的售后支持，增强观众对购买的信心。

（3）直播商品方面。

精选合适的商品：根据观众的兴趣和需求，精选优质的商品，激发观众的购买欲望。

调整价格策略：根据市场需求和竞争情况，合理定价，确保价格具有吸引力，同时保证商品的质量。

（4）优惠活动方面。

提供优惠活动：定期举办吸引观众的优惠活动，如满减优惠、赠品等，激发观众的购买欲望。

举办互动活动：组织有趣的互动活动，如抽奖、答题等，提高观众的参与度和强化购买意愿。

（5）其他方面。

提高竞争力：与其他直播间进行竞争分析，了解市场趋势和竞争对手的优势，通过提供更好的服务和商品来强化观众的选择意愿。

加强广告宣传：增加直播间商品的宣传推广，通过社交媒体、广告投放等方式提高观众对商品的认知度和兴趣。

以上策略可以根据具体情况进行调整和组合，以提高直播间商品的转化率。同时，需要不断收集观众的反馈意见和分析数据，及时进行优化和改进。

活动实践

请同学们以自主学习及合作探究的方式帮助小美完成以下活动，并将结果填写在相应的横线上。

"桂品味道"店铺的主播在直播过程中希望提高观众的转化率，将观众转化为忠实的粉丝。以下是"桂品味道"在某直播平台的两场直播转化数据。

第一场直播：观看人数 1 000 人，转化为粉丝 50 人。

第二场直播：观看人数 2 000 人，转化为粉丝 100 人。

（1）哪场直播的转化率更高？

_____

（2）如果第一场直播的观看人数增加到 2 000 人，转化为粉丝的人数保持不变，预计转化率会如何变化？

_____

（3）请制定出优化策略，帮助主播提高观众的转化率。

_____

【任务拓展】

同学们已经完成了"桂品云特产店"近期几场直播销售的数据分析工作，接下来就需要基于数据分析结果，对直播进行效果优化了。请同学们从直播流量、互动及转化情况三个维度对"桂品云特产店"的直播效果进行优化，思考这几场直播流量、互动和商品转化未达预期的原因是什么，通过原因分析，有针对性地制定出优化策略，并将结果呈现在横线上。

原因分析：_____

优化策略：_____

【任务评价】

根据实践活动过程及实践活动结果，进行学生自评、学生互评与教师点评。

考核内容	具体要求	评价		
		学生自评	学生互评	教师点评
知识掌握	能够正确阐述直播流量未达预期的原因，导致直播互动率较低的原因以及转化率低的原因			
技能要求	能够结合直播流量效果、互动情况、商品转化情况，制定出合理的优化策略			

✖ 岗课赛证

考证提要

（1）能收集观看人数、在线时长、新增粉丝数、销量、销售额等直播数据，以及转发量、曝光量、点赞量等宣传推广数据。

（2）能初步处理直播数据，用可视化图表呈现，并分析销售目标达成情况。

（3）能初步处理宣传推广数据，用可视化图表呈现，并分析宣传推广整体效果。

（4）具备数据保密意识以及一定的数据收集与整理能力。

（5）具备数据敏感度及逻辑思维能力。

竞赛直达

直播复盘模块评分标准

知识点：（1）直播数据分析流程。

（2）直播数据分析维度。

技能点：直播数据分析与优化。

评分细则：流量、销售、用户等数据分析准确（5分）；直播及推广亮点与不足提炼准确（5分）；优化方案设计合理（5分）；汇报与答辩整体表现良好（5分）。